家族で楽しむ！アウトドア大研究

日本アドベンチャー
サイクリストクラブ　瀬戸圭祐　著

水曜社

まえがき

家族と一緒に自然にかえろう

日本の国土の3分の2は森林である。世界的に見ても森林面積比率が最も高い国の一つだ。都会に暮らしていると自然と接する機会が少ないと思いがちだが、都会にだって自然はあちこちに存在している。

つまり気軽に自然を感じ、アウトドアを楽しむチャンスはあちこちに転がっているということだ。せっかくの休日に家でゴロゴロ寝ているぐらいなら、公園でも河原でも郊外の雑木林でも田畑でも構わない、アウトドアで寝っころがってみようじゃないか。気持ちいいゾー！ そうして空を流れる白い雲の動きを追いかけているだけで、明日への鋭気が沸いてくる。

やはり人間は自然の中で安らぎを覚え、癒される動物であり、いずれは「自然にかえる」存在なのである。そして愛する家族が一緒なら、きっと安らぎや癒しだけでなく、人生の喜びや楽しみを共有できるはずだ。家族は家族一人ひとりにとっての「かえるところ」であり、「かえるところ」としての自然と家族を大切にしていくことこそが「家族アウトドア」の原点である。

アウトドアの醍醐味とは、自然を愛する心さえあれば、マニュアル通りでなくても、年齢、性別を問わずだれもが簡単に始められ、自然の中で、「見て・触って・感じて・食べて・対話して・遊ぶ」ことができること。休日は家族と一緒に自然にかえろうではないか。

本書は各章が「Practice」＝実践編、「Theory」＝理論編の二つに分かれている。「Practice」ではアウトドアフィールドでの遊び方や基本ノウハウをレクチャー、「Theory」ではアウトドアに対する理解を深めていただくための考え方やポイントを紹介。アウトドアを計画する際の参考としてほしい。

CONTENTS

PART 3

友人家族と魅力のアウトドア

PART 4 アウトドアの賢いマネー術

Practice——実践編

Theory——理論編

Father's Note

PART 5 アウトドアライフをつくる時間術

Practice——実践編

Theory——理論編

PART 1

家族と一緒にアウトドア

あなたの頑張りが家族の興味を引きつける
家族と一緒にアウトドアに飛びだそう

公園から始める「家族アウトドア」

まずは近所の公園へ

「家族アウトドア」を始めるからといって何も大上段に構える必要はない。むしろあまり気構えせずに気軽に始める方が疲れないし、長く続けていきやすい。やはり近場で手軽なアウトドアから始める方が失敗は少ない。失敗を恐れる必要はないが、これから長い間家族で一緒に楽しむアウトドアだからゆっくり一歩ずつステップを踏んで進めばいい。家族は逃げないのだ。

最初は近所の公園から始めるのがよいだろう。目を凝らせばさまざまな生き物がいて、自然の中で一生懸命に工夫しながら生きている姿を見ることができる。草木や昆虫を見つけたら家族にその名前を教え、セミの抜け殻やカマキリの卵などを見つけたら生態を説明してあげよう。家族から「パパって何でも知ってるね」という言葉が聞けたら成功だ。

公園の木々や草花は名前が表示されていることが多い。図鑑を持って行って一つ一つを確認できれば、ささやかな喜びを味わうことができる。名前が分からない場合は、インターネットや図書館などで一緒に調べる。そうすることが家族のアウトドアに対する興味を引きつけるのだ。

木や植物の表情を知る

その辺に生えている普通の草花にも、食べられるものや薬になるものがある。例えばオオバコは下痢止めやぼうこう炎に、レンゲソウの葉汁はやけどに効き、ハコベは催乳効果があり歯痛がやわらぐとされている。ヨモギの葉は眼鏡や水中メガネのレンズをふくのによいそうだ。ただし紛らわしい植物も多数あるので、安易に口に入れないよう注意が必要である。

また、草花や木々には芽吹き・開花・新緑・紅葉・落葉・冬枯れなど四季折々の顔があり、出かけるたびに何か違いを観察できる。

木の表情一つとっても樹皮の様子や

公園の林には木々の説明看板がある。

木々に集まる昆虫、1本1本の枝ぶりや葉の付き方の違いなど、さまざまな変化がある。植物の横顔を知っている人はやたらといない。覚えておけば楽しさが増す。

公園での昼寝は意外に気持ちがいい。

●自然体で楽しむ

家族での山歩きを目指すなら、歩くことの楽しさや景色の美しさ、充実感などから攻めるのが正攻法かもしれないが、少し目先を変えてみるのもおもしろい。

例えば事前に植物園などに行き、野山のどんな場所にどんな草花が咲いているのか一緒に学んでみてはいかがだろうか。

次のステップとして近くの野山に連れて行って自然を観察すると、人為的な公園や植物園とは異なる本来の自然の姿に、より深い感動と興味を覚えるかもしれない。その気持ちを更に深めるべく里山歩きやハイキングにどんどん連れて行くのである。

ただし最初からあまり張り切り過ぎてしまうと長続きしないことが多いので、無理をしないでできる範囲で自然体で楽しもう。

●簡単ティーパーティー

慣れてきたらガスバーナーを持って行ってお茶を沸かしてみよう。お湯を沸かしてお茶を入れるだけのことなのだが、初体験の家族には結構喜ばれる。パーコレーターなどを持って行き、アウトドアでコーヒーを入れると味が違うのだ。

アウトドアで自分たちで入れたお茶やコーヒーのおいしさが家族に理解されればしめたものである。シートを広げタープを張れば、自分たちの占有スペースのような感覚になりアウトドア気分がいっそう盛り上がる。

次の機会にはテーブルやイス、更にその次の機会にはクーラーボックスとバーベキューセットというぐあいにグッズを増やしていけば、デイキャンプへの楽しみを膨らませることができる。あくまで周りに迷惑をかけないよう気を配ることも忘れずに。

Practice

都会でお手軽アウトドア

●都会のアウトドア散策

多忙なサラリーマン生活の中、慣れないうちはアウトドアのために土日両日、または丸一日確保するのは難しいかもしれない。でも半日だけでも、たとえ1～2時間でもいい。アウトドアを楽しむために時間を確保しよう。後は慣れと応用で徐々に長い時間確保できるようになってくる。

そんな短時間でどこへ行けるのかと疑問に思われるかもしれないが、何もアウトドアは遠くへ行かなければできないものではない。都会でも郊外でも、アウトドアの楽しみはいっぱいあるのだ。家族アウトドアには時間がかからず、ついでにお金もかからない方が都合がいい。都会にだって自然はあちこちにある。緑を求めて都会のアウトドア散策をしてみよう。

●路地や住宅街を歩く

路地や住宅街を歩いていると庭木や植木鉢を見つけることができる。中には鉢の代わりに木箱や発砲スチロー

都会で見る夕日も十分に美しい。

ル、バケツやビン・カンが使われていたりしてほほえましい。そんな鉢の中にクロッカスやチューリップ、アサガオにヒマワリ、コスモスなど、季節折々の草花を発見できれば、都会にいながら季節や自然を身近に感じられる。小さな鉢の中で一生懸命輝いている姿に、自らの境遇とオーバーラップするかもしれない。

ほかにも大学構内や植物園、緑道、公開されているホテルの中庭、近くの河原や用水路など、自然を楽しめる所はたくさんある。

最近は街の街路樹もかなり整備されて、並木道も増えつつある。自治体も工夫していろいろな木を植え始めているので観察がますます楽しくなる。

●都会の木々の健康チェック

街路樹の健康度を見るのもおもしろい。車の排気ガスにさらされる運命にある街路樹は、同じ木でも枝ぶりや葉のつき方にばらつきがある。簡単にいえば枝つき葉ぶりがよいのが健康で、よくないのが不健康、スカスカな状態なら末期症状である。

カエデの木なら、紅葉前の緑の葉が生い茂る状態を観察すると健康度がよく分かる。5点を満点とすると、十分に緑が茂っていれば5点、季節外れの紅葉がちらほら見えれば4点、梢の先だけに葉がついていれば3点、既に落葉してしまった枝が散見できれば2点、更に枝先が枯れて白っぽくなっていれば1点といったぐあいである。

日々仕事のプレッシャーにさらされているあなたの健康度はいったい何点だろうか?

普段何げなく通りすぎている街路樹に目を向けてみよう。

家族でデイキャンプ&バーベキュー

トングがあれば楽に食材をつかめる。

●アクセスが楽な場所を選ぶ

家族とのデイキャンプやバーベキューも慣れないうちはアクセスが楽な場所を選ぶのがよい。まして時間と経験が十分にない場合には安・近・短のご近所デイキャンプ&バーベキューがお勧めだ。

フィールドはバーベキュー施設のある公園、または近くの河原や海岸・湖畔である。突然の天候の悪化などいざというときに止めたり引き返したりできるので安心だ。例えば東京都内のウォーターフロントにも、お台場の近くに若洲浜海浜公園や羽田空港に隣接する城南島海浜公園など、ビギナーの家族や仲間内で安心して楽しめるキャンプ場があり、デイキャンプやバーベキューができる。最近は施設も増えつつあるので、あなたの住む町にもきっとある。探して家族で出かけてみよう。

身近な場所でもできるバーベキュー。

●失敗しない炭おこし

バーベキューとはいえ、未経験で初めからうまくいくものではない。食材を網の上に置いていきなり火をつけようとする人がいるが、これでは食材がすすだらけになり、着火剤のにおいもついてしまう。そんな失敗をしないよう簡単にバーベキューのやり方を説明しよう。

一番肝心なのは炭をおこすことである。バーベキューの失敗の多くは炭をちゃんとおこせないことが原因だ。でも着火剤を購入しておけば心配無用である。アウトドアシーズン中にはディスカウントショップや100円ショップでも炭と一緒に着火剤を売っているので、必ず購入しておこう。着火剤付きの炭も売られているが、ビギナーはそれだけでは絶対に足りない！　ベテランでない限り、炭おこしには着火剤がたっぷり必要だ。

着火剤は火をつける前にセット。

まずは大きめの炭を7、8個取り出し、着火剤をセットする。最初からバーベキューコンロいっぱいの炭を入れてしまうと着火が悪く、仮に火がついても火力が強過ぎて食材が焦げてしまうので注意する。

炭と着火剤をセットしたら着火用ライターで火をつけ、20分ほど放置するだけでいい。もし火が消えそうになったら、火バサミで炭の向きを調整しながら、うちわやダンボールなどであおぐ。危険なので途中で着火剤の追加は絶対にしないこと。着火剤は使用上の注意を守り、着火する前にたっぷりセットしておこう。

炭から煙が出なくなり、炭の表面の半分程度が白くなったら炭おこし完了である。網に焦げ付き防止のオイルを塗って炭火の上に置き、食材を並べる。火力が弱まってきたら、必要に応じて少しずつ炭を足していこう。その際も、着火剤の追加はご法度である。

●食材の下準備は自宅で

食材はできるだけ出発前に自宅で仕込み、すぐに焼ける状態にしておくと失敗も少ない。焼き方の基本は、焦げないように食材をこまめにひっくり返して中までよく火を通すことである。食材をつかむトングは必需品。はしだとせっかく焼き上げた食材を落として家族のヒンシュクを買いかねない。また、網の目が粗いと目の間から食材が落ちることもあるので注意しよう。

できあがったアツアツのバーベキューを、ビールやジュースを飲みながらかぶりつくうまさは格別！　家族も病みつきになること請け合いである。

Practice

竹を使って楽しくクッキング

●竹でご飯を炊く

バーベキューに慣れてきたら、少し趣向を変えて竹を使ったご飯炊きや食器づくりに挑戦してみよう。意外に簡単でうまくできたときの喜びも大きい。

竹はホームセンターで購入できるが、竹林は結構あちこちにある。勝手に切り取るわけにはいかないが、持ち主に断ればOKしてくれることも多い。キャンプ場やアウトドア教室に竹が置いてある場合もあるので聞いてみよう。

◆竹筒ご飯

竹は熱の伝導率が飯ごうやコッヘルに比べると低いので、できあがるまでにトータルで1時間ほどはかかる。家族がお腹がすいてブーブー言い出さないよう、早めに着手しよう。

材料・用具（2人分）

青竹　1節
洗米　2合
水　480cc
ナタ
アルミホイル

①まず、節の間が30〜40cmの青竹を用意する。片方の節を残して切断し、グラス状の竹筒にする。

②といで30分以上水にひたしておいた米を竹筒に入れる。アルミホイルでおおってふたをして、たき火のすぐ横、炎が時々当たる場所に立てかける。火力が強くなければ直接たき火の中に立てても大丈夫。青竹は水分が多いので燃えにくく、中にたっぷりの水が入っているので、焼けて穴が開いたりする

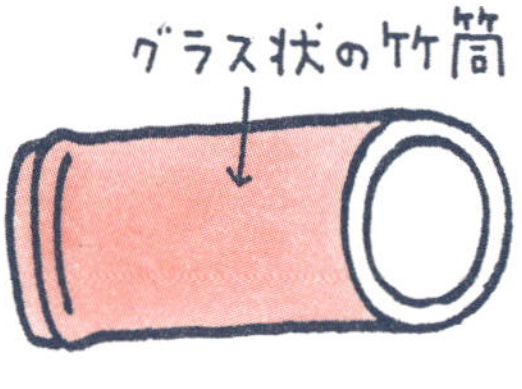

刃物の扱いには気をつけよう。

こともない。時々竹を回して全体に熱が行き渡るようにする。
③ふたから吹きこぼれてきたら少し火力を弱める。この時たき火の火力を調整するよりも、竹の位置を調整する方が簡単である。
④しばらくすると泡が蒸気に変わるので、弱火で数分待てばできあがり。
⑤火からおろしてしばらく蒸らし、竹筒をナタで縦に割る（直径に対し7対3の割合）。竹を食器代わりにしてそのまま横置きにして食べる。

◆たき火を使わない場合

たき火ができない場合は、シングルバーナーを2台使う方法もある。その場合、青竹は両端に節を残したまま切り落とし、ノコギリで20～30㎝の長方形の横長の窓をつくる。その際切り取った部分はふたとして使うので、割れないように注意しよう。

シングルバーナーはガスでもガソリンでもいいが、そのバーナー2台の上に網をのせ、その上に竹を横に置き、石などで転がらないよう固定する。炊き方はたき火の場合と同様に進めればいい。火力調整はたき火に比べればいたって簡単。炊き上がって蒸らした後、ふたを開けて直接食べる。

●竹を使って手づくり食器

ご飯が炊き上がるまでの時間を利用して家族で一緒に竹の食器をつくってみよう。クラフトマンシップを味わうことができる。

◆はし

竹を割ってつくる。2本の太さと長さをそろえ、側面の角がなくなるようナイフやサンドペーパーで削る。

◆はし置き

細い竹を4㎝位の長さに切り真ん中をナイフで削ってくぼみをつければできあがり。

◆コップ

竹の節を底にしてつくる。節の上7～10㎝くらいの所で切り出せばいい。切り口をサンドペーパーなどで削って面取りをしておこう。これで酒を飲むと、竹の香りのカッポ酒が楽しめる。

◆皿

両端に節を残して切った竹を縦に半分に割り、底の部分が安定するように平たく削り落とせば完成である。

竹の油をたっぷり吸い込んだタケノコの香りのするご飯を、自分たちでつくった食器で食べる。それはこの上なくおいしいのである。

Practice

いろいろな火おこしにトライ

●いろいろな火おこし

人類が人類たる証は火を使うことである。アウトドアマンとして、人間として、原点に立ち返り、アウトドアで火をおこしてみよう！

アウトドアに興味のある人ならば一度は本などで見たことがあるだろうが、原始的な火おこしに「キリモミ式火おこし術」がある。板状の木に棒状の木を手で回転させながらこすりつけ、摩擦熱で発火させる方法だ。

しかしこの伝統的な火おこしは実際にやってみるとなかなかうまくいかない。原始人の偉大さに脱帽の思いであるが、もっと手軽な火おこしで家族と楽しむための裏技を紹介しよう。

火を使わなくても炭をおこせるようになろう。

◆乾電池利用発火法

原始的な手法からは遠のくが、一番簡単な方法が乾電池を利用した発火法である。電池とスチールタワシ、軍手を用意する。

軍手をはめてスチールタワシをよくほぐす。その一部分を電池の＋極と－極に押さえつける。しばらくすると、片方の電極近くが赤く発火し始める。電圧は大きいほど発火しやすいので、電池を直列に何個かたくさんつなげば多いほどより簡単に発火する。

形が四角で上面に＋極と－極両方のある電池は９Ｖ使用なので、丸い乾電池直列６本分に相当し、新品なら一発で点火しやすい。

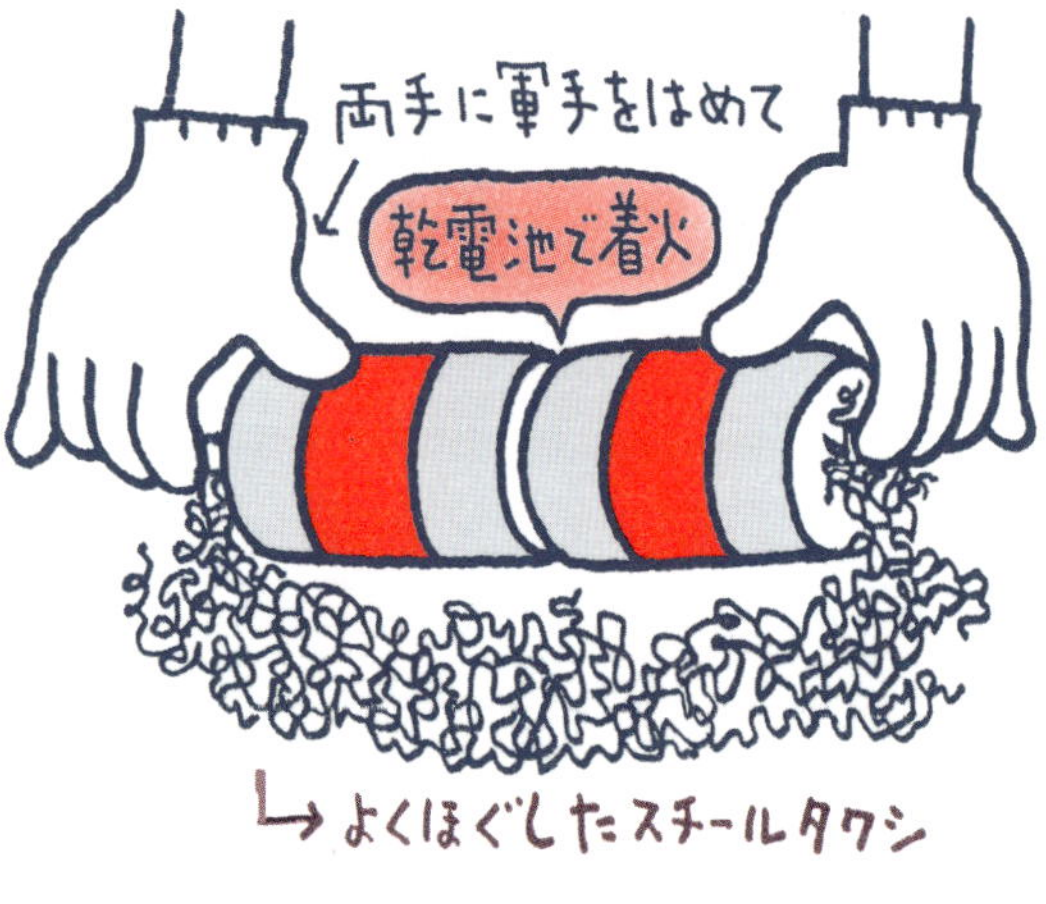

火を大きくする火口には、枯れて干からびたコケ、綿、ガマの穂、細かな木くず、脱脂綿、ティッシュ、表面を削ったキノコなどがよい。もし植物の種から油が取れれば（菜種等）火口に染み込ませて乾かしておけばより着火しやすい。一番手軽なのはティッシュペーパーである。

火種を取り出して多めの火口で包み込み、しっかり息を吹きかけるうちに突然炎となる。

◆火打ち石

人類が初めて火をおこしたのは火打ち石だといわれている。火打ち石は玉髄、チャート角岩またはシリカ（二酸化ケイ素）を含んだ硬い石だが、なかなか簡単には見つからないので、手軽な磁器を使う。これを鉄に打ち合わせれば簡単に火花が出る。この火花を火口や消し炭で受けて火種にする。

鉄はステンレスよりも鋼鉄がよい。一番よいのはチタンであるが、チタンは高価なので不要になったゴルフクラブヘッドがあれば、割れた湯のみ茶碗などと打ち合わせて簡単に火花を出すことができる。

◆凸レンズ

ちょっと文明の利器を使うが、虫眼鏡を使った発火法。紙に2B以上の鉛筆で黒く塗りつぶしたポイントを書き、それに焦点を合わせて発火させる。アウトドアでは消し炭を使った方が火種になりやすい。

虫眼鏡がなければビニール袋に水をためて、レンズの代わりにする方法もある。

Practice

たき火をしよう

火が大きくなりすぎないよう気をつける。

●たき火を始める前に

食事をつくるのにも暖を取るのにも家族を楽しませるのにもたき火は必要である。たき火はそれなりに技術が必要であり、だれでも簡単にできるものではない。自由にたき火をコントロールできることがアウトドアマンの証なのだ。

大切なのは準備である。準備さえしっかりしておけば、ちょっとコツをつかむだけでスムーズに炎をおこすことができる。

用意する物は軍手と火バサミとウチワ、それにとにもかくにもマキである。マキは細め、中くらい、太めの大きさのマキをたっぷり準備しておく。たきつけ用には、枯れ草やよく乾燥した小枝、細く割った木、切れ込みをたくさん入れて表面積を増やした木などがよい。自然派には邪道かもしれないが、丸めた新聞紙や細く切った牛乳パックなどは、入手が簡単でたきつけ用に最適だ。

●たき火を始めよう

準備が整ったら、いざたき火開始。太いマキを1本寝かせ細めのマキを7～10本程度立てかける。細めのマキと地面との間にできたスペースには、たきつけを入れておく。

着火用ライターで着火し、たきつけを補給しながら細めのマキをくべていく。本格的に燃え始めたら中くらいのマキを入れる。これがうまくいけばたき火は成功したも同然だ。

ポイントは空気の通り道をつくるようにマキをくべ、うちわなどで一生懸命あおぐこと。1本のマキが燃え尽きるとたき火の形が崩れるので、火バサミを使って常に空気の通り道を確保し

てお く。
太いマキに火がついたら後は随時中くらいと太めのマキをくべていけばよい。その頃にはお酒を飲みながら、家族とのなごみの時を迎えているはずだ。

●用途によって異なるマキの種類

ちなみにたき火の用途によってマキの種類は異なる。暖を取るためのたき火なら、火付きもよく火力も強い軟らかめのスギ、マツ、モミ、ヒイラギ、リンゴなどを使う。ただし火の粉が出やすく燃え尽きるのも早い。また灰もたくさん残る。

　クッキングに使うには目の詰まった堅い木がお勧め。カシ、ナラ、ブナ、カエデ、クヌギなどである。これらは火付きはよくないが、比較的燃え方が均一で安定している。

　いずれにせよ大切なのは後始末。多めの水で消火し、砂をかぶせたり埋めたりして跡が残らないようにしておこう。たき火が許されていない場所では絶対にやらないことである。

後始末は最後まで気を抜かずに。

釣りざおを使わない魚捕り

●簡単に楽しめる魚捕り

家族でキャンプやアウトドアを楽しむのに河原はちょうどよいフィールド。やはり川といえば魚であるが、家族でも未経験者でも簡単に楽しめる魚捕りに挑戦してみよう。

◆魚の習性を利用する

魚は基本的に岩陰などに身を潜めている。その習性を利用して網を岩陰や岩のすき間の出口にセットし、反対側から棒を岩のすき間に差し込む。すると驚いた魚は網の中に逃げ込むというぐあいである。

◆魚にショックを与える

ショック漁法は大きめの石を魚の潜んでいそうな石に思いっきりぶつける方法。その衝撃波は水中では空気中よりもずっと大きく、人間よりもはるかに小さな魚にとっては全身に電撃的に伝わり、一瞬仮死状態となって水面に浮いてくる。それを網や手で捕まえるのである。

◆仕掛けを使って魚捕り

ペットボトルを利用した仕掛けを使う方法もある。生き物が中に入ると、外に出にくいしくみとなっている。仕掛けに入れるエサも工夫しよう。

材料・用具

ペットボトル（1・5〜2ℓ）1個

ヤナ用のエサ（スルメやソーセージを細かくしたもの、釣具店で売

っている受けヤナ用のエサなど）

キリ・カッター・たこ糸・粘着テープ・おもりの石

①ペットボトルのキャップをはずし、キリで穴を開ける。

②ペットボトルの上部（飲み口側）をカッターで切り取る。

③上部を逆向きにして下部に入れ、上部と下部の重なった部分を粘着テープで固定する。

④たこ糸をペットボトルに取り付ける。

⑤おもりの石とエサをペットボトルの中に入れる。

⑥岩陰などに飲み口側を下流に向けて沈め、石などでしっかり固定する。たこ糸は川岸の木になどに結んでおく。

⑦しばらく放置しておき、魚が入っているのが見えたら引き上げる。

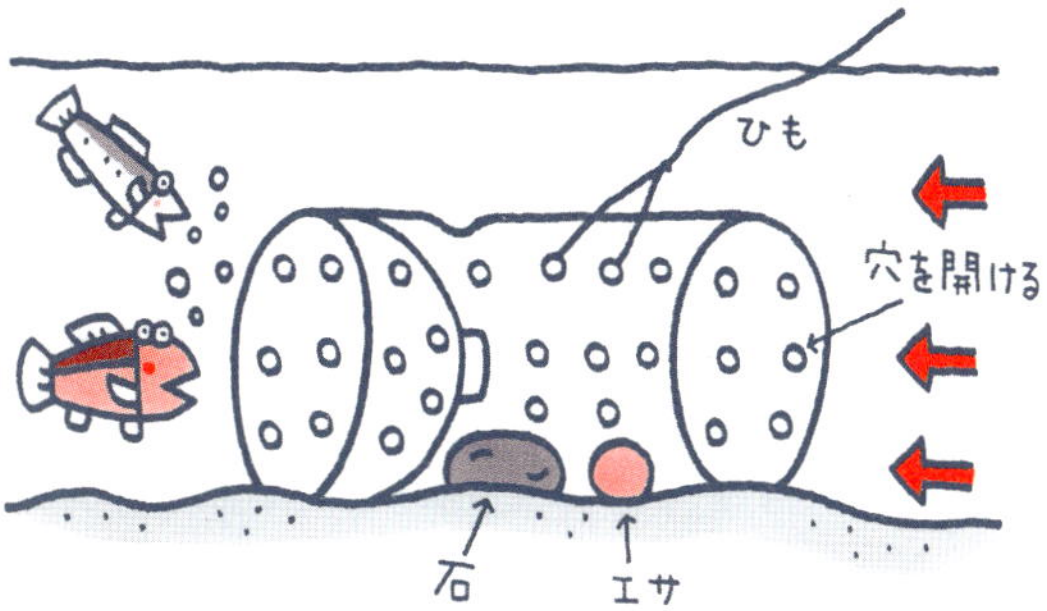

◆チームワークで魚捕り

最後に家族、友人総出の追い込み漁法を紹介。比較的浅瀬に石を積み上げ、川岸をうまく利用して堤防をつくり、入り江状態にする。皆で離れた所から取り囲み、入り江の入口に向かって魚が逃げ込むように一歩ずつ追い込んでいく。

うまく追い込んだら入り江をふさいで魚の手づかみに挑戦しよう。軍手をはめて岩陰に追い込む。手のひらは利き手を下に、もう一方の手を上に向け、利き手で魚をゆっくり追いかける。利き手が魚に触れた瞬間に、ぐっとつかみ両手で押さえれば捕まえられる。

家族で力を合わせて魚を捕まえることはチームワークの結晶でもあり、皆で喜びを分かち合い、一体感を覚えることができる。捕まえた時の手の感触と喜びは、興奮が冷めた後もずっと残っているものだ。こういうチャンスに父親としてのリーダーシップを発揮させ存在感をアピールしておきたい。

魚は自分たちで食べる分以外はリリースしよう。

Practice

雨から家族を守る

●雨の中での活動時間を短く

最も原則的な雨対策は雨の確率が高いときはアウトドアに行かないこと。しかし予期せず雨が降り出したら、通り雨か本降りになるのか、小雨で終わりそうなのか、その日の天気予報や観天望気（192ページ参照）で判断して見極めよう。本降りで止みそうになければ早急に引き上げる。

登山やハイキング、MTBツアーなどすぐに引き上げるのが困難な場合は、衣服が濡れる前に早めにレインウエアを着用し、エスケープルートを使うなどしてできるだけ雨の中での活動時間を短くすることを考えよう。子供たちが引き上げるのを嫌がっても、後で風邪を引いたり体調を崩したりすることになりかねないので強引に連れていくべきである。

●レインウエアを用意する

レインウエアは今やゴアテックスなどの防水透湿素材が当たり前だが、アウトドア用のレインスーツは意外に重くかさ張るため常に持ち歩くにはじゃまになる。そこで大人の常備用のレインウエアにお勧めなのがゴルフ用である。もちろん防水透湿素材だが、コンパクトで非常に軽く動きやすい。特に

夏はこれに限る。

子供の場合は特に小学生低学年以下の子供は体温調節機能が完全でなく、濡れた衣服で低体温症になるリスクがある。体を冷やさないために高機能なレインウエアを準備したい。大きめのサイズを買っておけばリュックの上から着ることもできるし長く使える。安くはないが家族の「安全」を買うことを考えれば必要な出費である。

レインウェアをゴミ袋で代用
ゴミ袋の底に首を通す穴を開ける
両サイドに手を通す穴を開ける

万が一雨具を持っていない場合はゴミ袋を利用する。ゴミ袋の底に首を通す穴と両サイドに手を通す穴を開けてかぶる。穴は大きくなりすぎないように注意する。もう1枚ゴミ袋があれば、底に腰が入る穴を開け、スカートのように履いてベルトで固定すればよい。加えてアウトドアの必携品である帽子があれば雨はかなりしのげる。

●足元の雨対策

足元はやはり防水透湿素材のシューズがユニフォームである。しかし家族のだれかが普通のシューズしか持っていないときもあるだろう。その場合は靴下の上にビニール袋をかぶせてシューズを履くと一時的には防水効果を発揮する。

濡れてしまったシューズは中に丸めた新聞紙を詰め込んでおけば湿気を吸収してくれる。そのまま無理やり足を押し込むように履いて水分をしっかり染み込ませ、繰り返し乾いた新聞紙を取り替えれば非常に早く乾く。新聞紙は体に巻きつければ防寒になるし、衣服の湿気も吸収してくれる。たき火などのたきつけにもなり、アウトドアでは便利な存在だ。

いずれにせよ家族を余計な危険にさらさないためにも悪天候のアウトドアはできるだけ避けることが大原則だ。

対策さえしていれば雨でも楽しい。

Practice

キジ撃ちの快感（野外でウ○コ）

●「キジ撃ち」とは

「キジ撃ち」をご存じだろうか。ズバリ、アウトドアで用を足すことである。最近では洋式トイレしか使ったことがなく、しゃがんでキバルことのできない若者や子供が増えているという。今後ますますそんな大人が増えるのかと思うとゾッとする。

トイレはアウトドアを楽しむうえで、忘れてはならない重要なポイントである。アウトドアではトイレのない場所も多いし、突然もよおしてきてどうにもならないこともある。人間の排泄物はいずれ微生物に分解されて土の中に戻っていく。場所さえわきまえればゴミの放置にはならず、むやみに自然環境を破壊するものでもないのだ。

ただしティッシュペーパーは分解に長い時間がかかるので自然環境への負荷が大きい。キジ撃ちには水に溶けて分解されやすいトイレットペーパー（ロールになっているもの）が望ましい。かさ張るのが難点だが、半分以下に使った後、芯を抜いてたためば、かなり小さくなるのでリュックなどに常備しておきたい。

●トイレットペーパーがない場合は

ではトイレットペーパーもティッシュもない場合はどうするか？　紙ならば何でも代用できるのである。新聞紙なら言うに及ばず、広告やパンフレット類、チョコレートなどの包装紙や箱などを適当な大きさにちぎってくしゃくしゃに丸め、破れないよう注意しながらしっかりもんで柔らかくする。こうすればふき取りやすく、肌への感触もいい。

紙類すらない場合は木の葉や草を使う。枯れた葉は破れやすいので避け、なるべく大きめの新鮮な葉っぱを2～3枚重ねて使うのがよい。

●場所を選ぶ

場所は後で近くを通る人の迷惑にならないよう歩道から離れ、人目を避けた場所を選ぶ。足場は石や木、斜面な

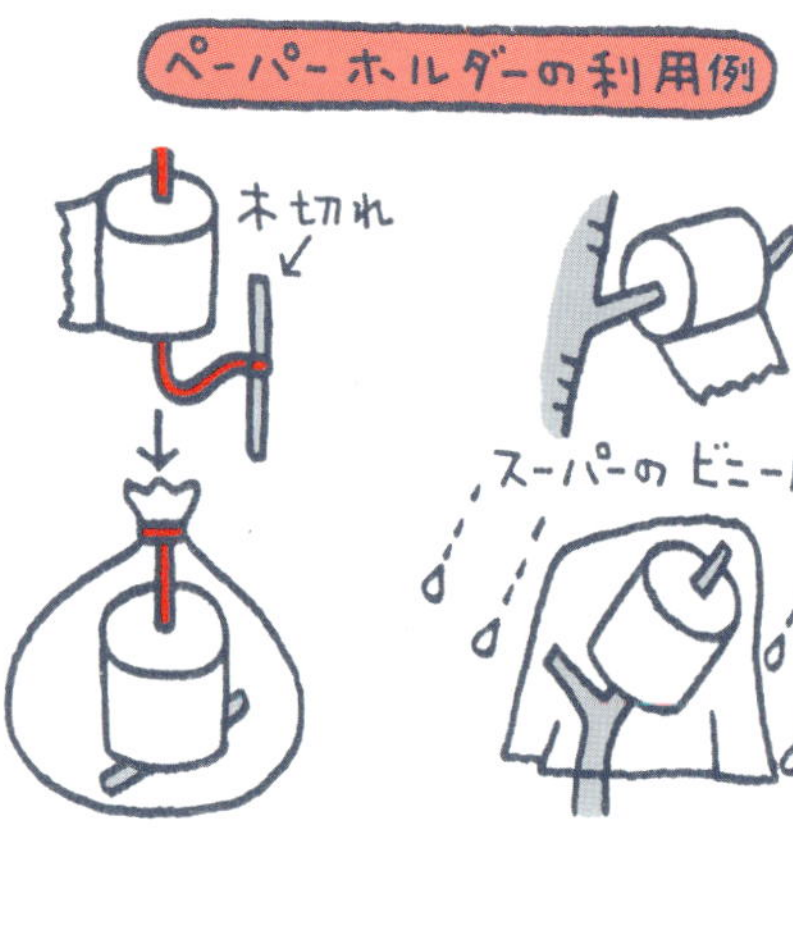

トイレのつくり方
周囲が木で
囲まれた場所がよい
スコップがなければ
木切れで掘る
携帯用
スコップ
40cm
約20cm
←穴の両側に平らな石
キャンプ撤収時に必ず
埋め戻しておくのがエチケット
使用後は脱臭効果のある
スギやヒノキの葉を敷く

どを利用して一段高くなるようにセッティングする。平坦なところでは積み上がった排泄物で思わぬトラブルになることがあるからである。排泄後は木の枝やスコップなどで穴を掘ってしっかり埋めておく。

子供が小さいと実際にキジ撃ちをさせなければならないケースはよく発生する。トラブルや他人への迷惑を避けるためにも、キジ撃ちの知識は頭の片隅に置いておきたい。

また、女性の場合は特に、人目を避ける協力を最大限してあげ、傘などを使ってサポートしよう。非常時の奥様への対処は家族としてパートナーとしての重要な義務である。

●トイレをつくる

トイレの完備されていない場所に泊まる場合などは、トイレをつくったほうがいい。

使用人数や頻度を考慮に入れ、深めに穴を掘る。においの問題があるので、テントから離れた風下につくろう。穴の底にスギやヒノキなどの葉を敷いておくと防臭剤の代わりになる。さらに周囲を布やタープを張れば、目隠しとなるので安心である。

当然のことながらキャンプを撤収する際には、必ず穴はしっかりと埋める。後からアウトドアを楽しみに来る人たちのための最低限のマナーである。

Practice

都会のバードウォッチング

カモは一日中水辺にいるので観察しやすい。

●冬はカモウォッチング

冬でもアウトドアでの楽しみはたくさんあるが、手軽なのはバードウォッチングである。初めてバードウォッチングするなら、水の上で見つけやすくお堀や公園の池などに住んでいるカモがいいだろう。

一般にカモは渡り鳥で夏はシベリアなどで過ごし、秋から冬に日本に飛来して寒さをしのぐ冬鳥である。1、2月は求愛のシーズンであり、オスの羽の色がつやを増しとても美しい。オスはメスのまわりでひょこひょこと頭を上下させたり、尾羽を上げたりして、熱心に求愛するので観察をしていても飽きが来ない。

繁殖期を過ぎるとはメスのような地味な羽色に戻ってしまうので日本にいる秋から冬の間だけが美しい姿をしているのである。

カモの生態を知ろう。

●カモがみせる愛らしいしぐさ

カモは鳥の個体としては大きく水の上で目立つので都会でも見つけやすい。空を飛ぶことも少ないので簡単に観察を楽しめる。ビノキュラー（双眼鏡）を使わなくても結構近づいて見ることができる。

くちばしを背中の羽にうずめているカモをよく見ると、昼寝しているのが分かる。エサを取るため3〜4羽程度が集まって輪になって水中に首を突っ込み、水面にはお尻だけをつきだしてフガフガしている実に滑稽な姿を見せてくれることもあれば、いきなりバタバタと行水を始めるカモもいる。この行水の最後に尻を振るしぐさがなんともカワイイ。行水後の羽づくろいは尾部から出る油をくちばしで羽に付ける。撥水効果を保持するための動作だが、これもまたカワイイのである。

●カモを見分けよう

カモを見分けるのはそんなに難しいことではない。くちばしの先端が黄色であるのはカルガモ、くちばし全体が黄色ならばマガモ、くちばしが大きくて幅広ならハシビロガモである。ほかにおでこが黄色ければヒドリガモ、目の周りが緑色ならコガモである。このぐらいを覚えておけばどれかは必ず見つけることができる。

カルガモは渡りをしないので冬に限らず年中観察することができる。春から夏にかけて繁殖し、親鳥の後にちょろちょろと数羽の子ガモが一生懸命ついていく様子は愛らしく、見る者の心をなごませる。

冬は蚊や羽虫も少なくじっとして観察するのに適した季節でもある。都会の冬のアウトドアにはカモウォッチングがお勧めだ。公園散策で春夏秋冬それぞれに動・植物の観察のポイントを教えてあげれば、家族もちょっとあな

たを見直すかもしれない。

●双眼鏡を使って観察

双眼鏡を入手して（ネットオークションなら数百～数千円程度で結構よいモノが手に入る）さらにバードウォッチングの世界を広げよう。双眼鏡は数倍～十倍程度の倍率の双眼鏡で十分である。最近は都会の公園や河川でもずいぶんいろんな鳥を見ることができる。気負わず近所でバードウォッチングが楽しめる。

まずは自分の目で鳥を見つける。飛んでいる鳥よりも木に止まっている鳥を探す方が簡単である。視覚だけでなく、聴覚を使って鳴き声や羽音をとらえよう。

鳥を見つけたらすぐに双眼鏡でのぞくのではなく、木の根元から何本目の枝のどの辺りにいるかを頭に入れる。それから双眼鏡で木の根元を見て、そこから何本目の枝かを数えながら進み、鳥のいる枝を見つける。そこで鳥にたどり着くのである。これは家族に鳥のいる場所を教えるにも有効な方法である。

自分の目で鳥を見つけてから双眼鏡をのぞく。

●鳥の特徴を把握する

鳥をただボーっと見るのではなく、特徴をしっかり記憶しよう。

◆大きさ

大きさはものさし鳥（スズメ、ハト、カラスなど大きさが分かっていて目安となる鳥）に比べて大きいか小さいかをおさえる。

カワセミは魚捕りが得意。

◆体型的な特徴

ずんぐりスタイルかスレンダーか、くちばしはまっすぐか曲がっているか、目立つ色、模様、形などを覚えておく。

◆姿勢と動作

止まっているときは枝に伏せるような横の姿勢か、立ち上がったような縦の姿勢か、尾は縦に振っているか横に振っているかなどである。

じっくり観察した後は図鑑で名前を確かめよう。知っている鳥が増えていくことは知的な喜びである。

●悪天候の日は知識を養う

河原など見晴らしのいい場所では、生物ピラミッドの頂点に立つワシやタカを見つけやすい。特に雨の後の晴天は上昇気流が起こりやすく、ワシやタカ類の活動が活発化する。双眼鏡を使わなくても、大空を我が物顔で自由に飛び回る姿を寝転んで眺めるだけで、だんだん大らかな気分になってくるものである。

近所でのバードウォッチングはやってみると意外におもしろい。ちょっと鳥類学者になった気分になるから不思議だ。

また、２００２年から日本野鳥の会主催で「バードウォッチング検定」が創設された。努力次第で気分だけでなく本物の鳥類学者になることだってできるのだ！ 試験はマークシートによる選択式で、基礎知識のレベルからバードウォッチングの指導や普及活動ができるレベルまで１～５級の５段階で判定がなされる。

アウトドアの楽しめない悪天候の日などは、お勉強でアウトドアしてみてはいかがだろうか？

（上）スズメ（下）トビ

雪が積もったら雪だるまづくり

思い思いに雪だるまを飾ってみよう。

●都会にも雪は降る

冬の外回りの営業は腹が立つくらい寒いものである。しかし、スキーをしているときは外気温は都会よりずっと低いのにもかかわらず、それほど寒さは感じない。人間だれしも仕事では寒いけれど遊びでは暖かく感じるのだ。

わざわざスキー場に出かけなくても雪のアウトドアは楽しめる。地球温暖化で冬将軍は衰えつつあるが、その分日本の南岸の低気圧の通過は増えつつあり、都会の積雪も期待しやすくなっている。

たった数cmの雪が殺伐とした都会を真っ白に染め上げる。太平洋側を日本列島に沿って低気圧が東進するときに、東京、大阪、名古屋などの都会にも積雪をもたらすのだ。

●雪を集める

雪が積もったら雪だるまをつくろう。だれでも簡単につくれそうだが、アウトドアマンのつくる雪だるまは一味違った格調あるものにしたい。基本は雪を汚さないこと。真っ白な雪だるまが美しいのである。

雪が降り始めたらあらかじめ大きめのシートやタープを地面に敷いておき、雪を集める。積雪が少なく雪の絶対量に限界があるときは、真っ白い雪は仕上げにとっておく。

足元に十分注意して歩く。

●雪だるまをつくろう

まずは核となる雪玉を固く握る。雪玉を転がす際にも手でパンパンとたたきながら、しっかり固めて大きくしていく。都会には少ないがパウダースノーの場合は固まりにくいので、雪面にジョウロなどで水をまいておくとしっかり固まる。積雪が多ければスコップなどで掘り起こして下部にある締まった雪を使うといい。硬く締まった雪玉に確保しておいた真っ白い雪で仕上げる。

顔は炭で眉・目・口をつくるのが最もはっきりとしてよい顔立ちになる。帽子はバケツを斜めにかぶせて風格をだす。手は木の枝を差し込むだけでもいいが、木の先に手袋をかぶせればより雪だるまらしくなる。きっと家族も一日置くはずだ。

●バックカントリーをのぞく

都会ではなくスキーなどで積雪地方に行ったのなら、ちょっとバックカントリーをのぞいてみよう。ほんの30～50mでもいい、スキー場から離れて森に入ってみる。できればクロスカントリースキー（以下XCスキー）やスノーシューを借りて行きたい。

2月にもなれば膨らみ始めたブナやミズナラの冬芽を発見できるだろう。または木々に張り付いている昆虫の卵やサナギが見つかるかもしれない。

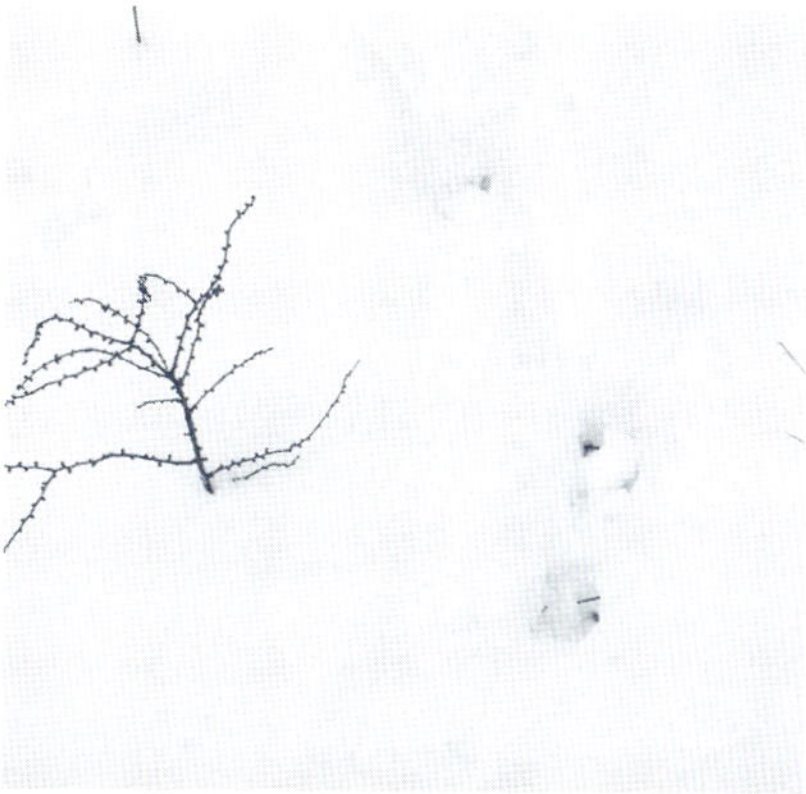

雪に残る足跡から何の動物か想像してみる。

雪上に目を凝らせば、ウサギやキツネ、野ネズミなどの足跡やふんなどに出くわす。早朝や夕暮れなどは、動物に出くわすこともあるのだ。ウサギは警戒心が強いのでゆっくりご対面はできないだろうが、キツネやシカなどとはしばらく見つめ合うこともある。

たとえほんの一瞬でも、その姿は強烈に印象に残り、皆に自慢してしゃべりたくなるものだ。やはり野生動物との出会いの感激は大きい。

家族のきずなを深めるアウトドア

●まずは自身の経験を積む

家族とのアウトドアを楽しむには、あなた自身が多少なりともノウハウを知っている必要がある。自分も家族もアウトドアが初めてでは、分からないことが多く、トラブルが発生して失敗するリスクが高い。失敗して嫌な思いをすれば、家族に次回を期待するのは難しい。そればかりか、家族を連れ出したあなたの立場にも悪影響を及ぼしかねない。まずはあなたが経験を積み、アウトドアの素晴らしさを理解してから家族を誘う方が成功率は高くなる。

●家族に興味を抱かせる

家族が初めからアウトドアに興味を持っていてくれればいいが、興味が薄い場合はアプローチに工夫が必要だ。

子供に英語を教えているとしよう。英語では森を「Forest」というが、この単語の語源は「for rest」、つまり「人間が自然に癒され休むために」という意味からきている。人類は森の中で生まれ育ってきたからこそ人類の原点である森に行くことで心が安らぐのだと説明してみる。

社会の勉強をしていれば、日本人は

Forest=森
for rest=
人間が自然に
癒され休むために
アウトドアライフ

森と人との深い関係を知ることがアウトドアへの興味につながる。

農耕民族であり、田を守るために森を守ってきたこと、欧州ではマキを得るために「森は悪魔のすみか」であるという理由をつけて伐採してきたということを説明しよう。そうすれば、森をちゃんと意識して見たことのない都会の子供も森に行ってみたいと思うだろうし、興味を持つかもしれない。

家族の興味を引きつけることができたら、人間と自然、そしてアウトドアとの関係やあなたが経験しているアウトドアの楽しさなどをイキイキと話してみてはいかがだろうか。

仕事に追われていると家族との時間が取れずに家族がバラバラになっているケースも多くある。ならば家族に向かって「家族の思い出をアウトドアでつくりに行こう」「アウトドアで一家の歴史を刻もう」「アウトドアを通じて家族で共通の喜びを発見しよう」などとカッコいいことを言ってみてはどうだろう。あなたの熱意が家族に伝わるかもしれない。

●アウトドアで家族の心を一つに

学校の完全週休二日制により家族で外に出かける機会は増え、アウトドアに家族を連れ出しやすい環境になってきた。あなたがまだアウトドアのベテランとはいえなくても、家族とともにアウトドアに出かけてみよう。できないことがあったら正直に恥をさらけ出せばいいのだ。その方が家族も楽しし一緒に楽しむことができる。アウトドアで行動を共にしているうちに、心が一つにまとまりきずなを感じることができるのだ。

普段は多忙で家族との時間がなかなかとれないとか、なかにはリストラなんかで家族の中で立場が悪くなっている人もいるだろう。それならなおさらアウトドアを家族と一緒に楽しみ、リーダーシップを取って家族とのきずなを回復していこう。

Theory

アウトドアの楽しさを理解させる

●言葉で無理なら行動で

概してアウトドア派の人、自然派といわれる人に口が立つ人は少ないようだ。しゃべるのがあまり得意でなかったり、家庭では奥さんに都合のいいように丸めこまれてしまう人も多々いらっしゃるのではないだろうか。だったら言葉ではなく行動でアウトドアの楽しさを伝えよう。あなたがどんどんアウトドアを楽しめばいいのだ。

確かに多忙な仕事をやりくりし、家庭サービスも不満が出ないように気をつかい、そのうえ時間を確保してアウトドアを楽しむことは大変なことかもしれない。でも頑張るのだ！　というより、あなた自身がアウトドアを楽しみたければ、すでにそうしているはずである。

家族はそのひたむきな姿勢に、アウトドアの何があなたをそれほど夢中にさせるのかと興味を持つものだ。

家族に分かりやすくアウトドアのよさを知ってもらう。

●しっかりと記録を残す

仮に興味を持たれなくても、あなたはアウトドアを楽しめばいい。ただ、それをしっかり記録しておこう。写真だけでなく、スケジュールや行動記録、気づいたことをメモや地図に書いておいて、次回のステップアップの糧にしよう。デジカメの記録を仲間に送付し

心に残る景色を記録しておく。

たり、グループのホームページに載せたり、カメラ付携帯があれば、撮ったその場で家族に送信したりしてみる。

アウトドアマンには実は写真好きが多いのも事実である。山歩きやサイクリング、XCスキーなどの楽しみの一つとして、出会った美しい風景や自然を記録しておきたくなるものなのだ。

小生も写真は大好きである。自然観察をするにも、写真で記録しておけば季節の移り変わりの微妙な変化や過去との違いなどが観察しやすい。今やデジカメが当たり前。写真にかかるコストも格段に低く、枚数を気にせずに、その場で確認しながら納得いくまで撮ることができる。だれでもよい写真が残しやすいのである。撮った写真や記録は、次回への準備だと思って早めに整理しておく。

デジカメをテレビにつないでスライドショー

●家族の前で記録を発表

記録がまとまったら、機会を見つけて家族にどかっと見せる。家族は興味を示すはずである。きっとアウトドアでイキイキしているあなたの姿や記録を見て熱意が伝わるはずだ。そして一緒に連れて行ってほしいという思いが家族に芽生えることになるだろう。

口でダメでも行動で示す。それでもダメなら視覚に訴えるのである。それでもだめなら……、お土産で味覚にでも訴えてみよう。

アウトドアを家族共通の楽しみに。

休日のプランは家族会議で

●家族の興味を育てる

あなたの努力が実って、家族がアウトドアに興味と楽しみを持ち始めたら、後はそれを上手に育てていくことが大切である。それがアウトドアライフの充実につながっていくのだ。

うまく家族をまとめていけば、父親としてのあなたの地位も格段にアップすること間違いなし。中には家庭の粗大ゴミ的立場からの起死回生につながる人もいるだろう。

まずは雰囲気づくりである。せっかくアウトドアに目覚めたのだから、アウトドアを家族共通の楽しみにして、あこがれを盛り上げていくのである。次回のアウトドアのプランがあれば、家族が一緒になって胸をときめかすことのできるようなプログラムを組んでみよう。

●家族の意見を聞く

日常生活の中で、奥さんや子供にどこに行きたいか、どんなことをやりたいのかなどのヒアリングをしてみる。もし毎日、残業で家族と顔を合わせる機会が少なければ、メールでも電話でもいい。コミュニケーションをとることが大切だ。家族の希望が分かったら、自分がやりたいことも加味して、ドラフトプラン（草案）をつくろう。

その場合、注意しなければならないのは皆の予定の確認である。休日はそれぞれに予定を入れていることもある。父親の予定に合わせて自分たちの休日を犠牲にしてくれるほど家族は甘くはないだろう。皆それぞれに忙しいのである。

特に子供に合わせて十分にゆとりを持たせた予定にしておくことである。仮にトラブルが発生しても、いつでも予定を柔軟に変更、中断することができる。いつでも引き返すことが可能なようにルートなどを考えておくのもあなたの大切な役目である。奥様や子供はそこまでは考えられないと認識しておこう。家族が一緒のときは、はるかにハンディが大きく時間がかかることもよく頭に入れておきたい。

●家族会議を開こう

ドラフトプランが完成したら家族会議の開催である。食事の時にでも、何気なくドラフトプランを持ち出せばいい。その場で出た家族の希望を加味しながらプランを味付けしていく。散策コースや夕食のメニューなどやりたいことを具体的にプランに盛り込んで合意を得ておこう。家族が話に乗ってきたら、情報収集をお願いすればいい。今やインターネットは子供でも使う時代である。自分たちで能動的にアウトドア情報を集めるようになればしめたものである。

できれば出発前までに詳細プランをつくり、もう一度皆のコンセンサスをとっておけばベスト。多忙なサラリーマンにはそこまで求めるのは厳しいかもしれないが、せめて一度だけでも家族会議をすることに意義がある。頑張りましょう！

夕食時に家族会議を開こう
プラン1
プラン2

Theory

曜日別準備で盛り上がる

16日
火曜
ガイドブックや
地図を参考に
詳細なプラン
を立てる
ガイド
Book

●曜日別準備術の活用

子供の頃、遠足や修学旅行の一週間くらい前からとてもワクワクして楽しみにしていたことを覚えている。大人になっても、大なり小なり似たような気持ちはだれもが持っているはずである。家族でアウトドアをするにも、こういうワクワクした気持ちをもって準備すれば、直前の一週間は楽しく過ごせる。

多忙なサラリーマンは毎日楽しみながら準備している暇はないかもしれないが、少し時間的に余裕ができたならば、「曜日別準備術」を参考にしてワクワクしよう。

◆前週末／月曜日

第1回家族会議の開催。週末の夕食などは、家族で食事ができる唯一の機会である家庭も多い。ここで盛り上げるためにも事前にドラフトプランは頭の中でよく考えておこう。

毎月または毎週家族でアウトドアをしているのなら、帰り道の車の中で次の行き先の話で盛り上がるのもいい。楽しかった思い出を次回につなげ家族の夢をふくらませるのである。

◆火／水曜日

事前に図書館でガイドブックや地図を借りておき、それを見ながら詳細プランを立てる。「ここではきれいな紅葉が見られる」とか「小川で水遊びができそうだ」とか「この辺りのコースは厳しそうだからエスケープルートはこうしておこう」だとか想像しながら考えるのである。帰宅途中の電車の中や寝る前に布団にもぐり込んで地図とにらめっこするのも、ひとときの楽しみの時間になるだろう。

家族にインターネットなどで調べてもらったことを確認するのもこのタイミングが望ましい。

◆木曜日

装備の準備をする。フィールドや季節によってもアウトドアギアや衣類は変わってくる。車で行くのなら多少荷物は増えても構わない。

いろんなケースを想定して、途中で荒天などに遭遇しても対処できるように万全を期しておこう。金曜日に車を使わない、もしくは車の中でじゃまにならないのであれば、荷物は積み込んでおこう。

◆金曜日

直前にしかできない準備をする。例えばキャンプや日帰りバーベキューなどの場合、事前に食料の下準備をする。野菜類は切って必要量だけをパックしておき、米は事前にといでよく水を切ってから計量し、ビニール袋に小分けしておく。肉などはタレに漬け込んでおこう。

木曜日までに車に積み込めなかった荷物は金曜日中に必ず積み込んでおく。できれば最終詳細プランの家族会議を持ちたいものである。

山の天気は変わりやすいので、事前に対策を考えておこう。

Theory

息抜きの時間でアウトドア準備

●息抜きの時間を利用する

会社生活では息抜きも仕事の効率上必要である。つかの間の息抜きを利用して週末アウトドアの準備をしよう。息抜きの時間を大好きな楽しみのために使えば、短時間で気分をリフレッシュできるので業務効率向上に有効である。仕事のできるサラリーマンほど息抜きを上手に行っている。具体的に何をするのかというと、インターネット等による情報収集、プランニング、仲間とのスケジュール調整などである。

◆情報収集

まずはアウトドアフィールドの情報収集である。インターネットなら詳しい地図情報が簡単に入手できる。山歩きやＭＴＢのコースプランニングには十分なレベルである。

次にアウトドアフィールドの市町村役場のホームページから観光情報などをのぞいてみよう。情報の充実度は市町村によって異なるが、日進月歩でどんどん改善されており、中にはアウトドアのページのあるサイトもある。欲しい情報が入手できないときは電

話番号を確認しておく。天気予報は、逐次、最新情報を入手するのが基本である。

◆プランニング

アウトドアのホームページを見ればさまざまな情報が入手できる。例えばカヌーやラフティングのページには、場所、コースガイド、体験教室、値段、数多くの体験談などが紹介されている。体験談は各個人の主観がベースなのであまりあてにしない方がいいが、多くの人が同様の体験談を書いていれば信頼性の高い情報であるといえる。

アクセスも重要である。車で行く場合は特に渋滞情報に注意しなければならない。一般交通機関を使う場合も、路線やタイムテーブルはインターネットで情報入手できるので活用しよう。ただし時刻表が近くにあればそれを見る方が早いかもしれない。多くの情報を確保しておき、通勤時間中などに地図などを見ながらプランニングするのである。

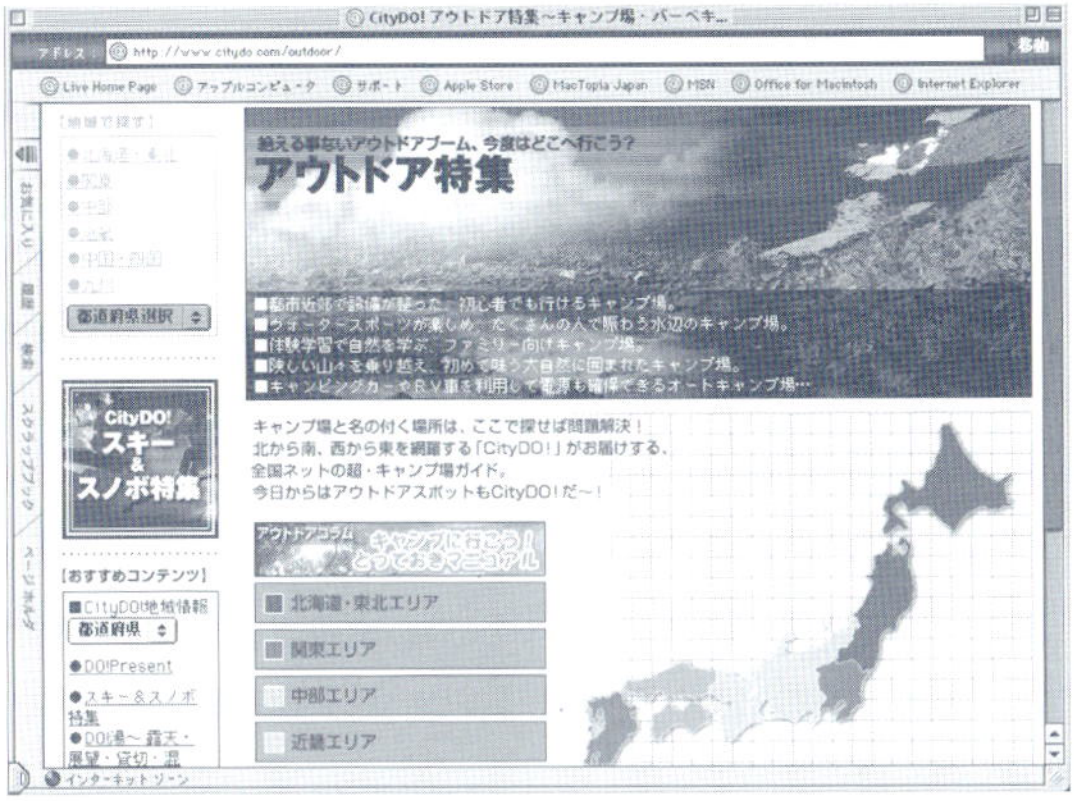

インターネットを活用して情報収集。

◆仲間とのスケジュール調整

アウトドア仲間も同様にサラリーマンであることが多い。その場合、皆のスケジュール調整も容易ではない。ちなみに小生の場合、大体2カ月前に週末の予定を決め、仲間に連絡している。出欠の連絡の確認をし、参加ＯＫの仲間には1カ月以内に何らかの形で参加メンバーや準備・連絡事項などを再確認する連絡を入れる。更に1週間以内に具体的な時間や集合場所などを連絡するのである。

これらの連絡は基本的にメーリングリスト（以下ＭＬ）で行う。これは、仲間内でネット上に私書箱を設け、そこに連絡を入れると自動的に加入している仲間全員に配信される「連絡板」のようなもの。ＭＬは連絡網として非常に便利だ。不参加の予定だった仲間が予定が変わって急きょ参加できることになったとしても、何時にどこに行けば仲間がいるのかなどの情報は仲間内ではガラス張りであり、電話またはメール1本で気軽に参加できる。

アウトドアのジャンル別の仲間それぞれにＭＬがあれば便利だが、増えすぎると息抜きでは対処しきれないほどメールが来るため注意しよう。

季節で選ぶアウトドアの楽しみ

●身近な日本の自然

日本の自然の素晴らしさは、狭い国土ゆえいろいろなフィールドがいつでも行ける範囲にあり、我々は身近に自然を感じることができることにある。

日本に広がるさまざまな自然。

四季折々の彩を楽しむべく、さまざまな楽しみ方をプランニングして日本の自然をたっぷりと満喫しよう。

しかし、すべての四季折々の表情を見るのは普通のサラリーマンには非現実的である。やはり、自分の気に入ったところやアクセスの楽なところをじっくり観察するのが現実的だ。

●なじみの地域をつくる

同じ地域でも山頂、山麓、高原、湖沼、湿原、渓谷、滝など、さまざまな自然が多かれ少なかれ存在する。これらはそれぞれ季節ごとに訪れると、いつも違った発見がある。なじみの地域をつくっておくと、いろんな情報が増え、様子がよく分かってくれば自分の庭のように愛着がわいてくる。そうなればバリエーションに富んだ計画づくりや、数々のアウトドアを試すこともでき、トラブルの際にも判断を間違うことなく対処できるのである。

季節感のあふれた自然の中で、家族アウトドアを安心して楽しめること

四季折々の自然を楽しもう。

は、家族のきずなを深め、子供の教育にもとても役立つこととなる。子供や奥さんの視点から、あなたには見えなかった意外な発見があるかもしれないし、あなたが彼らから学ぶことも多々あるはずである。

ただし、あくまでも自然が相手であり、リスクがなくなることはない。何度も訪れたことのある慣れた場所でも油断は禁物である。

日本にもダイナミックな自然の姿がある。

■季節別アウトドア

春	ＸＣスキー、山スキー、雪山展望ハイク、ザリガニ釣り、山菜採り、草花遊び、バードウォッチング、デイキャンプ、フィッシング
夏	キャンプ、デイキャンプ、山歩き、ＭＴＢ、カヌー、川遊び、磯辺遊び、昆虫採集、スターウォッチング、グラススキー、カエル釣り
秋	紅葉狩り、温泉ツアー、サイクリング、デイキャンプ、いも掘り、焼きいもづくり、４ＷＤオフロードツーリング、木の実拾い
冬	ゲレンデスキー、ＸＣスキー、山スキー、そり遊び、雪の露天風呂めぐり、バードウォッチング、スターウォッチング、ＭＴＢ

Theory

家族の記録を残そう

●人間の記憶には限界がある

「アウトドアの楽しさを理解させる」(34ページ参照)において、家族を説得するのにあなたのアウトドアの記録を見せることをお勧めした。それが成功して家族アウトドアを始めることができたなら、記録を撮り続けよう。思い出は多いに越したことはない。

家族を撮影をするときは恥ずかしがられたり、面倒がられたりするかもしれないが、たくさん記録を残しておけば、後で記憶がよみがえるもの。子供たちや奥様にも感謝される時がくるはずだ。

人間の記憶には限界があり、年齢とともに徐々に色あせていくものである。しかし写真などで残しておけば、多少は劣化することがあっても人間の記憶のように消えてしまうことはない。デジタルデータで残しておけば、いつまでも当時のままの鮮やかなシーンが残り続けるのである。

昭和生まれの我々は、どうしても写真といえば記念写真的に撮ってしまいがちだ。しかし今や携帯にカメラが付いていて当たり前の時代である。気に入ったもの以外はその場で消去すればいいし、フィルム式のようにいちいち焼かなくてもいつでも見られる。おまけにコストもほとんどかからず、持ち運びも便利なのである。

アウトドアのときも手軽にバシャバシャ撮ろう。なるべく家族を入れた方がいい。芸術作品を撮るのではなく、思い出を撮るのである。お父さんばかりが撮っていても家族の記録として不完全だ。子供たちもカメラマンになってどんどん撮る。つくった料理はアップで撮っておけば味も家族の記憶に残るはずだ。

●ビデオ撮影のポイント

カメラと違ってビデオはとにかく撮ればいいというわけにはいかない。見ていておもしろくないものは、やがて見なくなるだろうし、写真ほどお手軽にいつでも見られるわけでもない。写真よりも時間をかけて撮影しないと、情景の切り抜きばかりではつまらない内容になってしまう。上手なビデオ作品をつくるにはある程度のテクニックと経験が必要になる。

また、MTBやスキーなどのテクニックの確認や上達のためのソフトとしてビデオを活用するのは有効だ。

◆上手に撮る5つのポイント

①画面をできるだけ動かさず定点で撮影する。

②人物をできるだけ大きく入れるように、ズームを使い一定の大きさに保つ。

③各シーンの前後には、全体の情景が分かるようにゆっくりカメラを動かして全体の状況を入れる。

④できるだけ一つのシーンを長時間撮影する。

⑤最も肝心なのはストーリー性。起承転結を意識し、それぞれが何をし、それがどうつながるのかということを考えながら撮っていく。

●家族で記録を見る

家族アウトドアの記録を家族会議の際に見るのも、次のプランにつなげやすいだろう。また、何カ月か何年か経った時にこれらの記録を見れば、自分たちの進歩を見出すことができるはずだ。以前はこんなこともできなかっただとか、あんなに要領の悪いことしていただとか、過去の自分たちを客観的に見ることができるので、現在の自分たちに自信が持てて更にアウトドアを楽しむ元気が出てくる。家族のためにも、将来のためにも記録はたくさん残しておこう。

アウトドアの思い出だけでなく、家族の成長記録になる。

Theory

家庭の排水溝はアウトドアの入口

●家庭が及ぼす自然への影響

あなたの努力で家族がアウトドアを楽しむことができ、自然を愛する心が強くなって、更に地球環境問題に興味を持ってくれれば素晴らしいことだと思う。アウトドアマンのフィールドは地球であり自然なのである。

仮に家族がアウトドアへの興味をなかなか示さないにしても、例えば自然食品にこだわっているとか、ゴミの分別に厳格でうるさいだとか、衣類や家具などは天然素材が好きだとかいったように少しでも地球環境や自然に興味があれば、それをアウトドアに結び付けていけるかもしれない。

そのきっかけになることも願って、家庭生活が及ぼす自然への影響を考えてみたい。

●水回りの影響

台所や風呂場、洗面所から出る排水が一番の問題である。下水道が整備されていても、その処理には多くの薬品やエネルギーも使われており、環境への影響は小さくない。ましてや多くの地域で家庭排水は垂れ流しの状態なのである。コップ1杯分（200㎖）の台所の余りものを排水溝に流した場合、魚がすめる水質に戻すのにどれほどのきれいな水が必要かを挙げてみる。

味噌汁	750ℓ
天ぷら油	67200ℓ
牛乳	4333ℓ
ラーメン汁	570ℓ
米とぎ汁（1回目）	72ℓ

米のとぎ汁コップ1杯分を魚のすめる水質にするのに、300ℓのバスタブ0・24杯の水が必要なのである。天ぷら油はその約930倍。世の中の家庭が必要なものを必要なだけつくり、すべてをきれいに飲み干せば自然破壊は小さくなるのである。天ぷら油は凝固剤で固めてゴミとして出そう。

●生物に見る川の水質

逆にきれいな水質の川の目安となる生物も参考までに表にした。より多くの生物が川にすめるよう、家庭排水には家族で細心の注意を払いたい。

一人ひとりの心がけできれいな水質を守ろう。

■川の水質と目安となる生物

川の様子	目安となる生物
きれいな水	カワゲラ、ヒラタカゲロウ、ヘビトンボ、アミカ、サワガニ、ナガレトビゲラ等
少しきたない水	コガタシマトビケラ、ヒラタドロムシ、コオニヤンマ、カワニナ、スジエビ等
きたない水	ミズムシ、ミズカマキリ、タイコウチ、ヒル、タニシ、イソコツブムシ等
大変きたない水	セスジユスリカ、チョウバエ、サカマキガイ、アメリカザリガニ等

●家庭ゴミの問題

ゴミはきっちり分別して出せば、ゴミ収集車に回収され、ちゃんと処分場で焼却される。問題は量である。スーパーで買う食材にはビニールやラップ、プラスチック容器や発砲スチロールのトレイなどが付随している。資源ゴミはスーパーにある再生ボックスに入れるよう心がけたい。石油製品はゴミとして出すと環境負荷が大きいので、なるべく紙製や木製のものを選ぶといった心がけも大切だ。

アウトドアにおけるゴミ処理にも十分気を使おう。料理などで余った水分は新聞紙やペーパータオルなどでふいて焼却し、決して川や湖に流さない。食器等を洗う際は、たき火の後の灰は洗剤の代わりになるし、砂や泥を利用すれば洗剤で洗うよりは自然に優しい。洗った後の灰や砂は川から離れた所に捨てる。川まで距離をおけば、土壌の浄化作用を受けられるからだ。

生ゴミはいずれ自然にかえるが、環境への配慮上、なるべく家に持ち帰って捨てるようにしよう。キャンプの後始末を通じ、家族に自然保護の大切さを理解してもらいたい。

Father's Note

日本の自然の素晴らしさを楽しもう

日本は自然が美しい国である。小生は今までに世界の60カ国近くを見てまわり、欧州に住んだこともあるが、素直に日本の自然は美しいと思う。日本の自然が素晴らしい理由は、変化に富んだ四季の彩がはっきりしていることに由来している。

スケールはコンパクトながらも、日本には山や海、渓谷、湖沼、湿原などさまざまな美しい自然があちこちにあり、しかも車などで簡単に行ける範囲にある。それらすべてが四季折々の異なる表情を持って、訪れる人々の心をなごませてくれる。これほど手軽に自然を、いくつもの違った顔で楽しめる国は、世界広しといえども日本をおいてほかにはあまり見ることはできない。

例えばスイスの山岳美は世界で最も美しい自然の一つであることは認めるが、海岸美はない。アメリカの大自然もグランドキャニオンやロッキー山脈など盛りだくさんだが、広大な範囲に散在しているので、週末を使って手軽にいろんな自然に出かけるには無理がある。ただ、このような国の人々は自然の楽しみ方をよく知っている。楽しむためのインフラも整っており、ノウハウも子供の頃から身に付いているということは付け加えておこう。

皆さん、日本の自然は素晴らしいのだ！　日本人として誇りを持とう！　そしてこの自然の素晴らしさやアウトドアのノウハウを子供たちに伝え、アウトドア先進国である欧米に負けないアウトドアマンを一人でも多く育て、アウトドア家族が増えていってほしい。

PART 2

子供と楽しむアウトドア

アウトドアで楽しく遊ぶ方法を伝授
子供に「パパって、すごい」と言わせよう

Practice

空き缶でご飯を炊く

●子供をアウトドアに連れ出すには

現代の子供は自ら積極的に動き、体力を使うことに関しておっくうになりがちである。そんな子供をアウトドアに連れ出すときのポイントの一つは食べ物である。

アウトドアではご飯は飯ごうやコッヘルを使って炊くのが当たり前だ。始めのうちは新鮮で楽しいのだが、いちいち装備を準備しアウトドアフィールドまで出かける煩わしさを感じることも事実である。近所の公園や河原、自宅の庭などの身近な場所で、親も子供も気構えずに気軽に空き缶を使ってご飯を炊いてみよう。

食事はアウトドアの楽しみの一つ。

◆空き缶ご飯

材料・用具（1人分）

空き缶（350ml）　2本
洗米　1合
水　300cc
ナイフ
アルミホイル
燃料となるもの（新聞紙、小さな枯れ枝、枯れ葉、割りばしなど）

空き缶は洗っても飲み物のにおいが完全には取れないので、お釜にする缶はジュースではなくお茶のアルミ缶を1本用意する。お父さんにはお酒のアルミ缶でもいいかもしれない。もう1本はかまどとして使うので缶の中身は何でもいいが、2本とも同じ太さの空き缶を準備しよう。かまど缶も加工しやすいアルミ缶がいい。

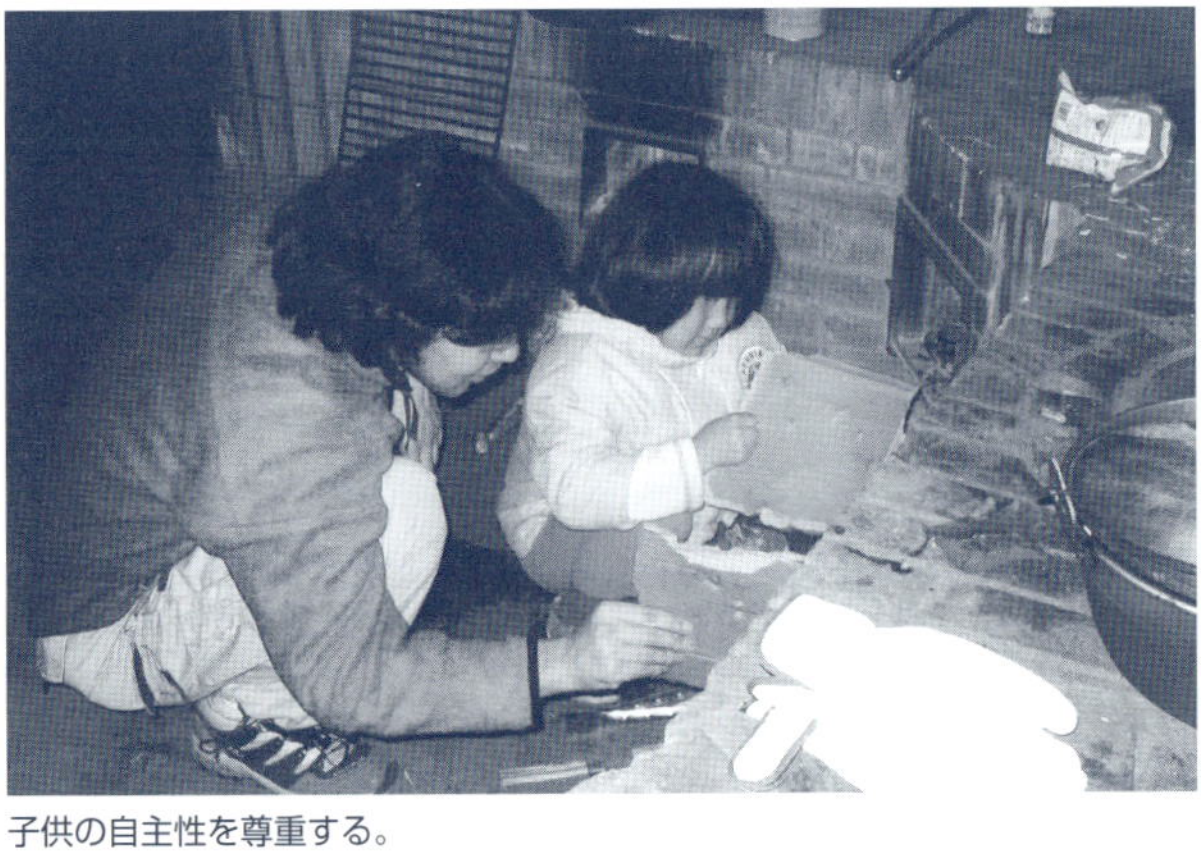

子供の自主性を尊重する。

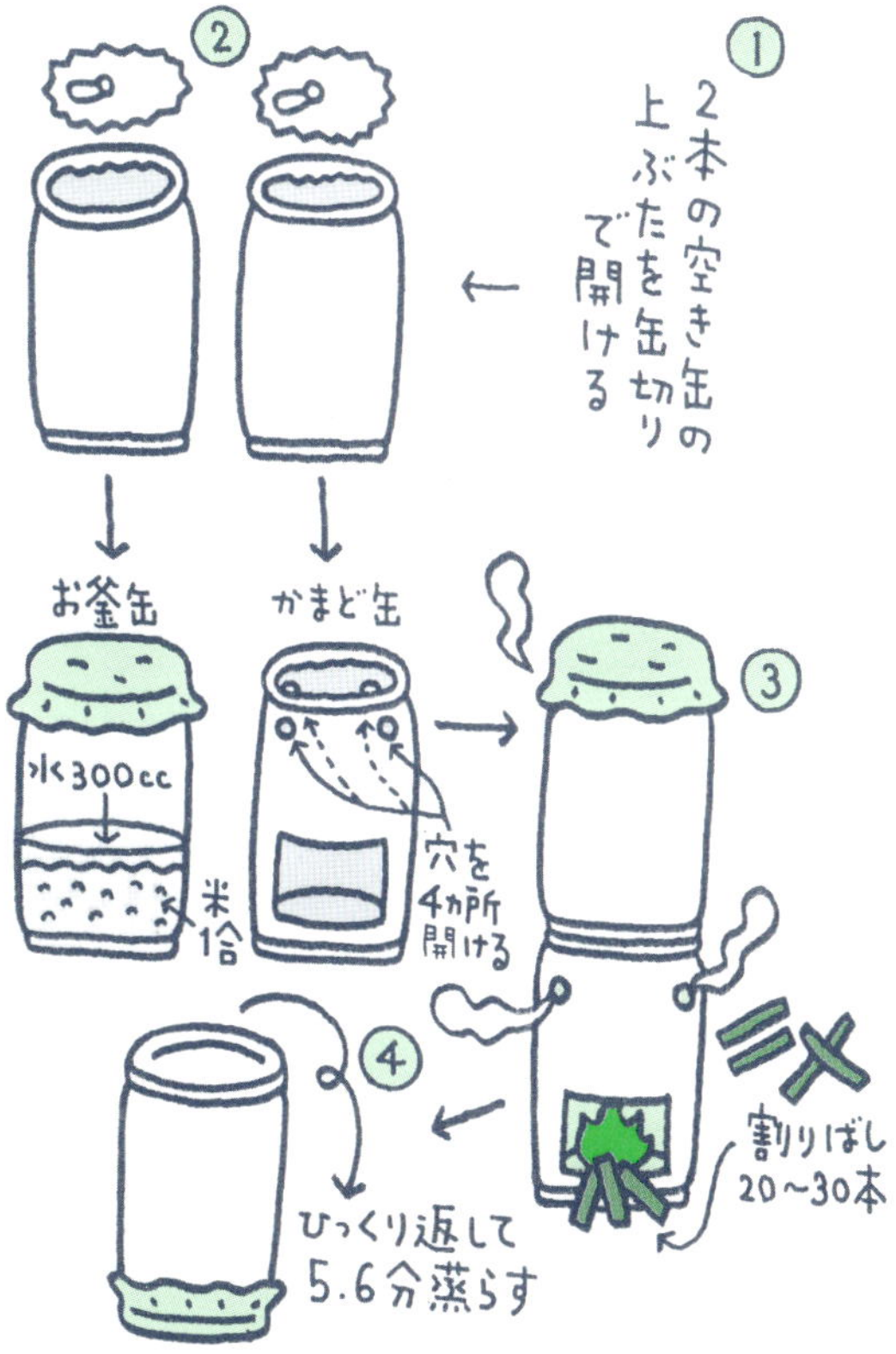

①2本の空き缶の上ぶたを缶切りで開ける。お釜にする缶はこれで完成。
②かまど缶は側面の下部に縦5～6cm、横7～8cmの四角い窓をナイフで開ける。側面の上部には煙を出す穴を3、4カ所開けておく。
③といでから30分以上水にひたしておいた米をお釜にする空き缶に入れる（作業する前にといでおいた方が効率的）。よく水を吸わせておけば、ふっくらと芯のないご飯が炊ける。
④②の上に③の缶を重ね、缶切りで開けた上の部分をアルミホイルでおおってフタをする。
⑤事前に新聞紙、小さな枯れ枝、枯れ葉、割りばしなど、燃料になるものを多めに確保しておく。それらを②で開けた窓の中に入れ、着火用ライターなどで着火する。

　缶が小さく燃料はすぐに燃え尽きてしまうので、頻繁に補給しながら火が消えないよう一生懸命空気を送り続ける。ちょっと慌しく、悪戦苦闘するかもしれないが、子供は大喜びで手伝ってくれるはずだ。
⑥15分くらいでご飯が炊き上がるが、そのままひっくり返して5、6分蒸らす。火力の調整が難しく焦げることが多いが、子供にはそれがまた新鮮なはずだ。その場でアツアツのご飯を食べて子供も大満足である。

　ここで紹介した空き缶を使ったご飯炊きは、世界各地の難民キャンプなどで実際に行われている方法に準じている。単純にご飯を炊いて喜ぶのもいいが、難民問題や食べることの尊さについて子供に教えるいい機会である。ぜひ頭に入れておいてほしい。

アウトドアでの昆虫採集

Practice

●子供に昆虫採集を教えよう

昆虫が苦手な子供もいるが、やはり子供には虫を追いかけて、自分で捕ることぐらいはできるようになってほしい。子供が虫を捕ろうとするのは、人間がまだ狩猟生活をしていたころからの本能の部分なのだ。生きていくために動物を追いかけ捕まえるという人間本来の習性を教えるためにもアウトドアに連れ出して昆虫採集をしようではないか。

◆チョウ

成功率が高く、捕まえる楽しみも大きい。飛んでいるチョウをやみくもに追いかけて網を振り回しても、捕まえられるからおもしろい。しかしそれでは芸がない。もっと成功率の高い方法を子供に教えたい。

時間帯としては少し日が高くなり始めた午前8時過ぎから12時ごろまでが、チョウが活発に動く時間である。

チョウが花に止まっている時をねらい、気づかれないようにそっと近寄る。その際、網を上に構えると簡単に気づかれて逃げられてしまうので、下から構えてゆっくりと花の下に網を持っていく。そしてチョウが飛び立つ瞬間にサッと大きく、弧を描くように網を上に振り上げるのだ。チョウが網に入ったら柄を回転させて網の中に閉じ込めて一丁上がりである。

◆トンボ

トンボは手ごわい。子供にはなかなか捕まえられないので、親が捕まえてあげよう。動きの素早いトンボに気づかれずに近づくためのポイントは服の色である。緑や茶色のいわゆるアースカラーが気づかれにくい。白や黄色は自然の中では目立つ色であり、逃げられやすいので注意しよう。

優雅に舞うチョウの美しさ。

飛んでいるトンボよりも止まっているトンボをねらい、後方からそっと近づく。射程距離内に入る前に飛び立っても、あきらめずにその場でじっと待つ。トンボは同じ場所に戻ってくることがよくあるので、そこをねらうのである。

射程距離内に入ったら、後方斜め横

出発前に持ち物の確認を。

から一気に払うように網を振る。なかなか上手くはいかないが、中には警戒心の弱いトンボや動きのトロいトンボもいるので、数が多い時に気長にやればたいがい捕まえられる。

◆セミ

セミ捕りはセミをいかにして見つけるかがポイントである。木に溶け込む保護色であるため見つけにくい。飛行高度も高く、飛んでいるセミもなかなか見かけないので、鳴き声だけが唯一の頼りだ。とにかくセミの鳴き声のする周辺を子供と一緒に注意深く探してみよう。

網の届く高さで発見できたら、その木の裏側からそっと近づく。網は直径の小さなものがいいが、射程距離内に入ったら、横からセミのいる場所めがけて網をスイングし、木に垂直にあてて止めると捕まえやすい。

セミが樹液を吸っている時や鳴き声がピークに達したあたりが捕まえるチャンスである。また、夜の樹木に懐中電灯をあてて探せばセミは見つけやすく、睡眠中なので簡単に捕まえられる。

昆虫はキャッチアンドリリースが望ましい。昆虫を飼うのは難しく、持ち帰ってもほとんど死なせてしまうことになる。そのことを動物保護の観点からも子供にしっかり教えよう。

■セミの種類と鳴き声

ツクツクボウシ	オーッツクツクボーシ ツクツクボーシ
ミンミンゼミ	ミーン ミンミンミン ミーン
アブラゼミ	ジーーーン　ジーーーン
クマゼミ	シャーーー　シャーーー
ニイニイゼミ	ニイニイニイニイニイニイ

Practice

●皆大好き、カブトムシとクワガタ

●昆虫の王様

カブトムシとクワガタは昆虫の王様だ。実際、樹液に集まる昆虫の中で一番強いのはカブトムシである。

しかし自分の目で雑木林の中で樹液を吸っているカブトムシやクワガタを見たことがある子供たちは少ない。更にカブトムシやクワガタはデパートで売っているものだと思っている子供たちもいる。そんな誤解を持たせないようにぜひとも子供自身に確かめさせよう。まずはカブトムシやクワガタの捕まえ方を紹介する。

◆生息場所

郊外または山野の雑木林でクヌギ、コナラの木を探す。クヌギは落葉高木で灰褐色の樹皮に深い割れ目があり、ドングリがなる木である。木の下に秋に落ちた椀型の殻斗に包まれたドングリが残っているかもしれない。コナラは灰黒色の樹皮の割れ目があるがクヌギより浅く、ドングリも殻なしのシンプルなものである。クヌギ、コナラは日本中の森林にあり比較的見つけやすいが、もし見つからなければ樹液の出ている木（クリやミズナラなど）を探せばいるはずだ。

◆捕まえやすい時間帯

早朝か夜間かによって採集方法は異なる。早朝の方が彼らの生体観察にもいいし、自然に生きているカブトムシ

大人も子供も夢中になるカブトムシ。

やクワガタの姿を子供たちと一緒に見られるのでお勧めである。

【早朝】

キャンプ泊の翌朝などに早起きして、近くの森や雑木林に行けば、樹液に集まるカブトムシやクワガタを見つけやすい。より確実に見つけるには、前日、木にエサを仕掛けておけばよい。

エサはペットショップに売っているカブトムシ用のゼリーでOK。なければ甘いジャムやハチミツなどで代用できる。エサをクヌギやコナラの木の手の届く場所にたっぷり塗っておくのである。木にリボンを結ぶなどして目印をつけておくと後で探しやすい。

翌日、エサを仕掛けた場所に行けば、樹液の周りにたくさんの甲虫類が集まっていて、カブトムシやクワガタもいる可能性が高いのである。

それでも見つからなかったら、クヌギやコナラの木を思いっきりけってみよう。たまに上からカブトムシやクワガタが落ちてくることがある。ただし落ちてくる場所をよく見ていないと、下草のやぶに入ってなかなか見つからないことがあるので気をつけよう。昼間でもこの方法は使えるが、昼間は彼らの体温が上昇し動きが俊敏になる。落ちてくる途中で飛んでいってしまうことがあるので、やはり早朝がよい。

【夜間】

夜間の採取方法は簡単である。白や青白い光を放つ街灯の下を探してみよう。特に青白い光に集まる習性があるので、白いTシャツを着て街灯の下にいれば、向こうから服に飛びついてくることがある。

◆飼育方法

捕まえたカブトムシやクワガタを飼うのも子供は大好きだ。ペットショップなどでカブトムシやクワガタの飼育セットを売っている。どうしても飼いたいという場合にはこれを購入してそのマニュアルに従うのが一番確実で長生きする。

セットには飼育用の土とエサなどが入っているが、それ以外のスイカやきゅうりなどのエサを与えると死にやすいので、専用のエサだけを与え続けよう。普通カブトムシは9月には死んでしまうが、家の中では暖かいこともあってか、冬まで生きることもある。

クワガタはきちんと飼育すれば越冬して2、3年生きる。カブトムシもクワガタもつがいで飼えば卵を産む。それを上手に飼育すれば成虫させることは難しくないのである。子供と一緒にトライしてみよう。

Practice

子供にも簡単なザリガニ釣り

●アメリカザリガニの生命力

アメリカザリガニはその名の通りアメリカから上陸して、戦後日本各地で爆発的に繁殖した。日本の在来種のザリガニもいるが、アメリカザリガニの圧倒的な繁殖力に駆逐され、今ではほとんど見ることができない。

このアメリカザリガニの生命力には驚かされる。都会のコンクリート護岸の用水路や公園内の小さな水路などを探せば意外と簡単に見つかる。かなり汚れた水でもたくましく生息しているのである。

●ザリガニ釣りの準備

ザリガニ釣りの用具はエサと糸だけでOK。エサはスルメか煮干しがよいが、サラミ、ハム、ソーセージ、貝、豚肉といろんなものに食らい付くので、冷蔵庫にあるものをエサに使えばよい。煮干しは頭を取って水に沈みやすいようにしておく。

木の枝や竹
←糸
スルメ
エサは煮干し、サラミ、ハムなど
わりと簡単に釣れる

糸は何でもOK。たこ糸のように強度のあるものに越したことはないが、裁縫用の糸でも大丈夫である。

足場の悪い場所や河川などでは釣りざおがあった方がいい。ザリガニ専用の釣りざおなどないが、適当な棒や木の枝、竹などの先端に糸を結びつければ簡単につくることができる。長さは50㎝～1ｍ程度で子供の身長に応じて使いやすいように調整する。

●ザリガニを釣る

ザリガニは小魚と同様に岩陰や草の陰、窪みなどに身を潜めている。魚は人間の姿に俊敏に反応するがザリガニは比較的鈍感なので、驚かさなければあまり逃げない。ザリガニの姿が確認できたらエサでおびき出す。エサをザリガニの近くに沈め、底で少しずつ動かしながら近づけてみよう。エサに反応してはさみを振り上げてきたら、うまくはさませるのである。はさんだらエサを放さないうちに、静かに釣り上げる。網があれば落ちないうちにすくい取ろう。

ザリガニの大きさは場所や季節によって差があるが、大きなものだとはさみで指をはさまれる可能性があるので、特に子供は注意が必要である。背中から二本指ではさんでつまみ上げればいいのだが、万が一はさまれたら、そっと地面に置けば放してくれる。

●ザリガニ料理に挑戦

ところでこのザリガニ、フランス料理では高級食材である。ぜひ一度ザリガニ料理にトライしてみよう。ザリガニの臭みを取るためきれいな水の中に2～3日入れておき、後は塩ゆでしてかぶりつくのである。大きな尻尾には海のエビ同様に身が詰まっていてなかなかの美味である。好みによっては少ししょうゆをたらしてもよい。子供と捕まえたザリガニを料理して食べれば、「パパってすごい！」と見直されるかもしれない。

●次のステップはカエル釣り

ザリガニの次はカエル釣りに挑戦してみよう。これはザリガニ釣りよりもちょっと器用さが必要だ。釣りといってもさおも糸もエサも必要ない。その辺に生えている茎の長い草を使うだけである。エノコログサやカモジグサ、オオバコなどの茎の先端の穂や小さな葉先だけを残して、後は茎だけにする。それをカエルの目の前でゆらゆらと動かすのである。

カエルはそれを小さな昆虫、つまりエサと勘違いして、パクッと飛びついてくる。それを釣り上げるのだ。ちょっと刺激的な楽しさがあるので子供と一緒に歓声を上げよう！

生き物たちの小さな世界に目を向けよう。

Practice

季節の草花で遊ぼう

●草花アートを楽しむ

昆虫など生き物が苦手な子供でも、アウトドアでの草花遊びならば楽しいはずだ。草花を使って親子一緒にアートやゲームを楽しんでみよう。

単純で楽しい草ずもう。

◆花のアクセサリー

女の子が喜ぶのはいくつになってもネックレスやブローチ、指輪などであるが、これを花でつくってみる。ネックレスやティアラをつくる素材には、シロツメクサやレンゲがいい。

まずはシロツメクサやレンゲの花を茎からたくさん摘んでくる。花のすぐ下の茎に爪で縦に数ミリ切り込みを入れ、そこに別の花の茎を通す。通した花の茎に同様の切り込みを入れ、次の茎を通す。これを繰り返してネックレスやティアラにする。

指輪は花のすぐ下の茎に爪で切り込みを入れ、その花の茎を下から丸めて切り込みに通せばできあがり。

ブローチは花を数センチの茎だけ残して、それをボタン穴や胸ポケットに差し込むだけ。直径数センチ以上の花で茎の太いものなら、そのまま腕に巻きつけてブレスレットや花の腕時計にもなる。要はアイデア次第だ。

◆ドライフラワー

ドライフラワーも実は簡単につくれる方法がある。気に入った草花を新聞紙にそのまま軽く挟み込んで、電子レンジで数分間加熱するだけでOK。フライパンで軽くいって水分を飛ばしてもドライフラワーになる。

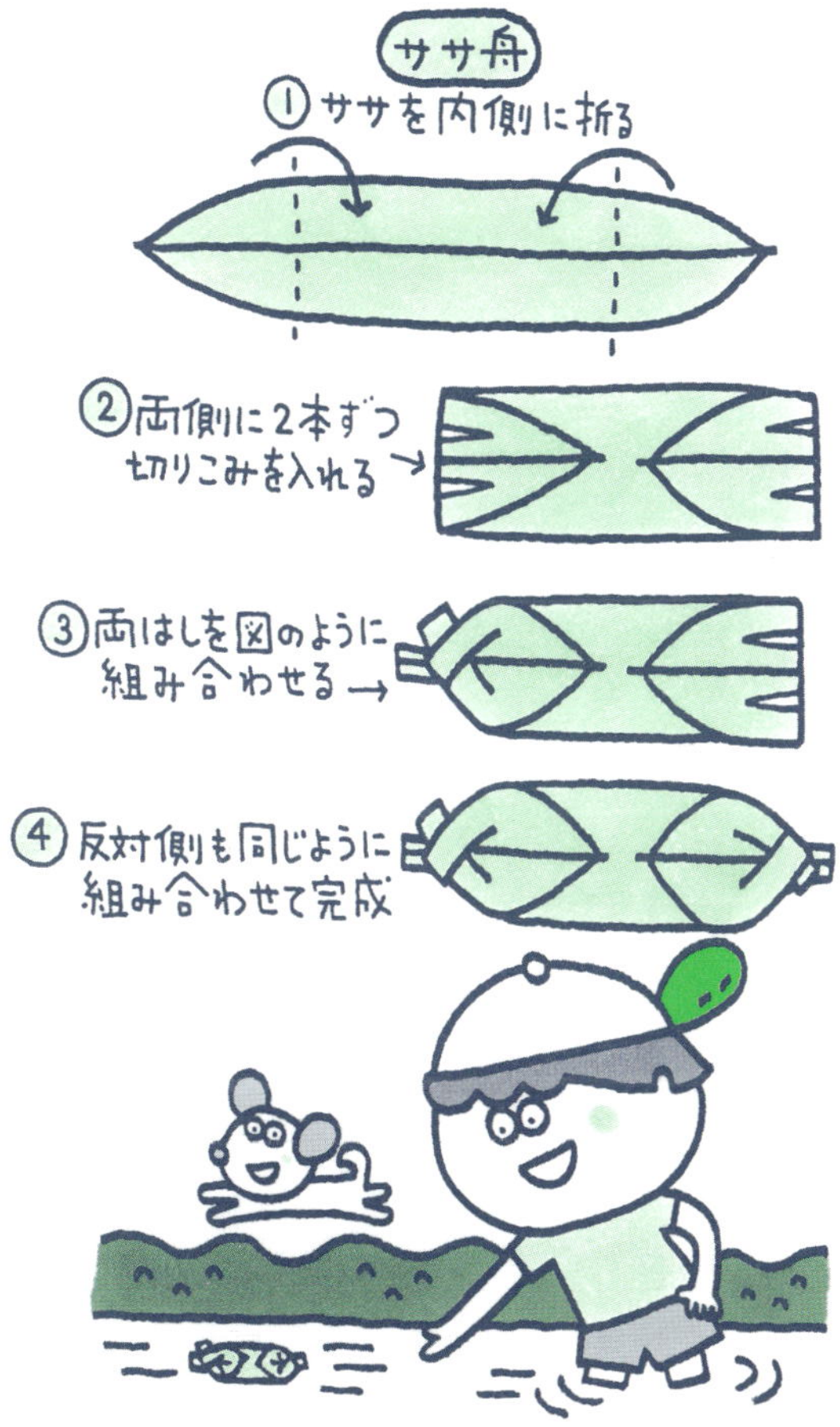

ササ舟
①ササを内側に折る
②両側に2本ずつ切りこみを入れる
③両はしを図のように組み合わせる
④反対側も同じように組み合わせて完成

◆ドングリゴマ

秋はドングリで遊ぼう。だれかにプレゼントできるぐらいの作品をつくるのはちょっと難しいが、コマなら簡単につくれる。ドングリの底の部分にキリで少し穴を開け、そこにつまようじを差し込めば完成。子供がコマ遊びに熱中する姿が目に見えるようだ。

◆落ち葉遊び

落ち葉遊びも楽しい。紅葉やイチョウ、丸い葉や長細い葉など、いろんな形や色の落ち葉を集めて子供と一緒にアートしよう。鳥や動物、人や顔など、思うがままに地面に並べるだけでも楽しい。意外な子供の才能を発見するかもしれない。

落ち葉がたっぷりあれば、その上に子供を寝っころがらせて、落ち葉に埋もれさせてみよう。浜辺の砂と違って、いつでも身動きがとれるので子供が不安がらないし、何よりも自然の暖かみを感じることができる。

◆川辺の草花で遊ぶ

川辺に生えている草花で遊ぶのもノスタルジックである。ササ舟をつくって水に流したり、オオバコの茎を2本クロスさせ2人で引っ張りあって草ずもうをしたりと、これは子供にも大人にも結構ウケるのである。

河原で水と石に戯れる

子供だけで水遊びをさせない。

●水遊びの身じたく

河原でキャンプをする機会は多い。特に夏場は海辺と違って涼しいし、夏のビーチのように人でごったかえすことも、アクセスの渋滞のリスクも低いので手軽に水遊びが楽しめる。

しかし、水遊びは何かと危険と隣合わせなので、事前に危ない場所をチェックして、子供には深みや流れの速いところに行かないなど基本的な注意事項を約束事としてしっかり守らせる。

きちんと身じたくをさせることが大切である。足元の靴は、スニーカー類を着用、ビーチサンダルは避けるべきである。高いグリップ力と速乾性を持ったウォータースポーツ専用のシューズがあればベストである。シャツやズボンは長袖が基本で、暑いときは腕まくりで調節させよう。ジーンズは濡れると動きにくく乾きにくいので、化学繊維のものがいいだろう。できれば軍手も付けていた方がいい。帽子は必需品である。遊びに熱中すると、直射日光も忘れてしまいがちなので、日射病予防に必ずかぶらせよう。万が一のことを想定して子供は上流で遊ばせ親は下流側で監視する。

●川の生き物を観察しよう

川の浅瀬の石をひっくり返して遊んでみよう。そのすぐ下流で網を構えていると、いろんな生物が捕まえられるものである。たいがいは釣りのエサになるカワゲラやトビゲラ、トンボやカゲロウの幼虫である。時には水生昆虫のゲンゴロウやガムシ、タガメ、ミズカマキリなどが捕まることもある。これらをアクリルケースに入れて観察すると、水生昆虫はさまざまな動きをするのでおもしろい。小魚をタガメと一緒に入れておくと捕食シーンが見られるかもしれない。

●子供が喜ぶ「水切り」

川辺の石遊びで子供が喜ぶのが「水切り」である。「水切り」は水面に向けて平行に石を投げ、水面で何度か跳ねさせる遊びだ。これは石選びと投げ方、最初の着水地点がポイントである。

石はとにかく平たいものが有利。形は丸いものがよく、子供の手のひらより一回り小さい程度の大きさのものがベスト。投げ方はいわゆるサイドスローで、腰をかがめて水面すれすれに投げ出すのがいい。その際手首のスナップを効かせて回転とスピードをつけるのがコツである。

最初の着水地点は数メートル先が理想だ。子供が投げる場合は2～4メートル先ぐらいをねらう。それよりも近ければ、最初のジャンプが大きくなり過ぎて跳ねる回数も減ってしまうのである。逆に遠すぎる場合、うまくいけば小刻みにたくさん跳ねるが、1回のジャンプで終わってしまう可能性が高い。

大人がうまくやれば10回近く石を跳ねさせることができる。子供にもうまく投げられるように教えてあげよう。跳ねる回数が増えるほど、ささいな喜びも増えていくのだ。

石が何回水面を
跳ねるか数えてみよう
ピュン
ピュン
手首のスナップを
効かせて投げる
←平たい石が有利
球形の石は
沈んでしまう

Practice

田んぼでの楽しみ方

●田んぼの生き物観察

田んぼは日本人の心のふるさとである。日本の伝統文化や芸能と深い関わりを持っていて、アウトドア以外の視点でも大変興味深いフィールドだ。四季それぞれに姿を変える田んぼには、見事にその環境に調和した生き物がいる。都会の公園ほど身近ではないが、少し郊外へ足を運べば、まだまだ田んぼは残っている。子供と一緒に田んぼの生き物観察をしてみよう。

◆カエル

春から夏にかけて比較的見つけやすいのはおたまじゃくしだ。ふ化後しばらくは一カ所にまとまっている。驚くほどたくさんいるので子供は気持ち悪がるかもしれないが、その場合はターゲットを変更しよう。後ろ足が出てくるころには、だいぶばらけて泳ぐようになる。前足が出てくると体長は大きくなり、全長はカエルの成体を上回ってしまう。

カエルもおたまじゃくしの時は見分けがつきにくいが、成体になるとほかの生き物よりも見分けは簡単になる。どこにでもいるカエルは小さい順に体長2㎝程度のアマガエルから、6～8㎝のトノサマガエル、10㎝程度のアカガエル、ウシガエルになると10㎝を越える。それぞれに色も大きさもさまざまで、皆鳴き声も違うので観察の対象

ヤゴの美しい抜け殻が見つかることもある。

としてはおもしろくビギナーでも楽しみやすい。

冬眠中は動物や人が踏みつけない落ち葉などでおおわれた土の中に、種類によって5～15㎝くらいの穴を掘って眠りにつく。冬場に用水路の土手などの土を掘り起こすと冬眠中のカエルを見つけることができるが、冷たく固まっていてほとんど動かない。夏のピョンピョン飛び回っている姿とはまた違う生態を発見できる。

春になって気温が15度程度になり、田んぼに水が入ると、また姿をあらわし、カエルの鳴き声の大合唱が始まるのだ。

◆トンボ

最近はちょっと郊外に行くとトンボを見かけることが多くなり、田んぼの中でヤゴを見つけやすくなった。ヤゴは肉食で生きているもの、動くものに食いついていくので、おたまじゃくしはヤゴの格好のえじき。時にはヤゴどうしで共食いをすることもある。7月に入るとヤゴが稲の葉や茎に捕まってじっとしているのを見つけることができる。羽化をするのだが、これは夜間なのでちょっと観察しづらいかもしれないが、代わりに昼間に抜け殻を探してみよう。

◆ミジンコ

透明のコップやビニール袋で水をすくって目を凝らせば、体調2㎜ほどのミジンコが浮遊しているように泳いでいるのが見つかるはずだ。くるくる回るように泳ぐしぐさは見ていて飽きない。顕微鏡があれば持ち帰ってのぞいてみよう。体が透明なので心臓や腸などの器官を見ることができる。よく見ると心臓が動いているのも分かるかもしれない。ミジンコはおたまじゃくしやヤゴのエサになるので、それらがいれば必ずミジンコはいる。つまりミジンコは田んぼの中の生態系の基礎となる生物なのである。

Practice

タイドプールは生き物教室

●混雑を避けて磯辺で生き物観察

夏の海は混雑する。渋滞を抜け、やっとの思いでビーチにたどりついても、座る場所もままならない状況のこともある。

しかし、そんなビーチから多少距離のある磯辺ならそれほど混雑していない。また、夏は生き物観察にいい季節だが、春や秋のビーチがごった返さない季節に渋滞を避けて、静かな磯辺の生き物観察を楽しむのがアウトドア通の選択である。

磯辺の「潮溜まり」、つまりタイドプールにはカワイイ海辺の生き物がたくさんいる。みんな恥ずかしがりやですぐに隠れてしまうが、子供と一緒によく目を凝らしてのぞいてみよう。干潮の時しか楽しめないので、事前に潮時を調べてから出かけた方がよい。1日2回の干潮のピーク1～2時間前後が観察しやすい。

●生物観察のスタイル

◆靴

まずは足元を固める。ビーチサンダルは滑りやすくNG。長靴もいいが、できれば水に濡れても構わないスニー

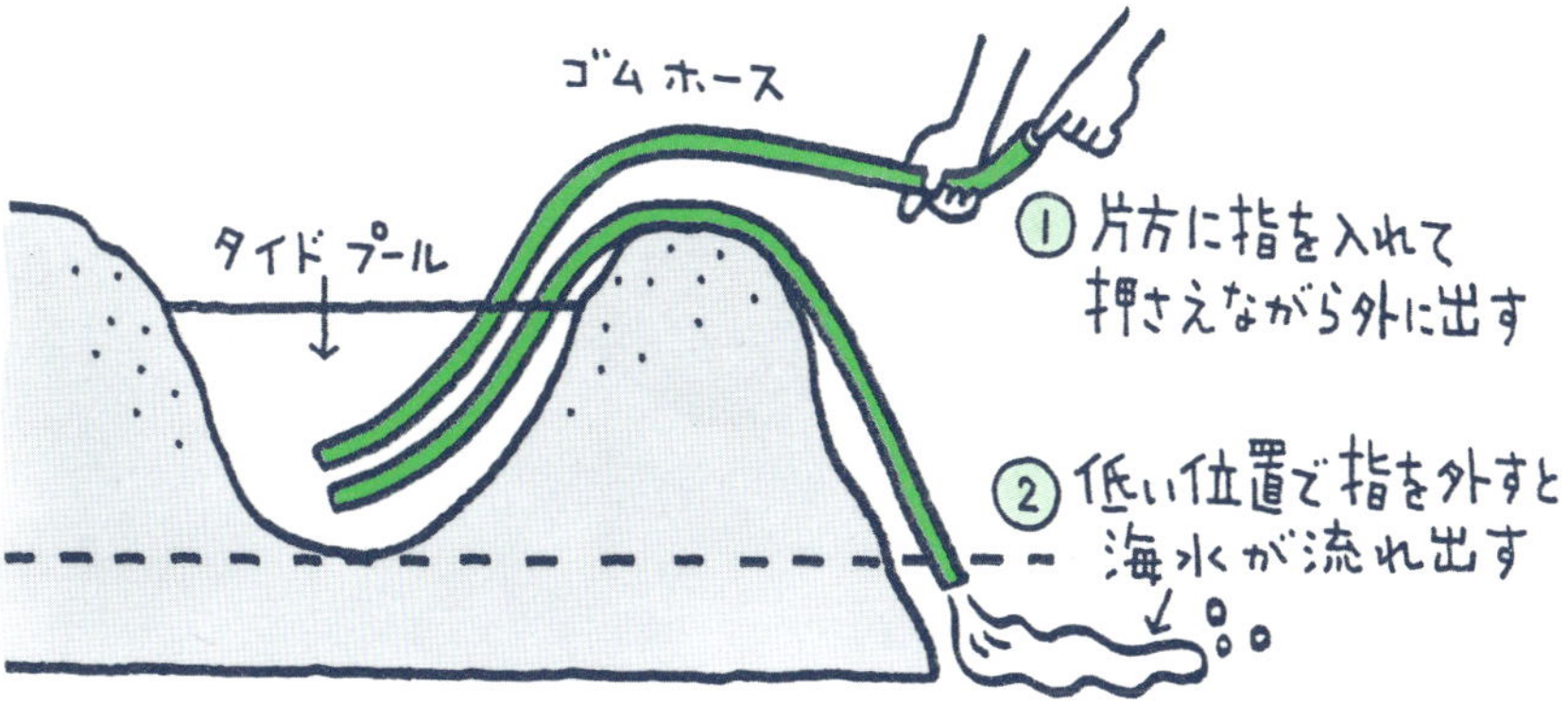
ゴムホース
タイドプール
①片方に指を入れて押さえながら外に出す
②低い位置で指を外すと海水が流れ出す

カー類があれば動きやすい。

◆軍手

軍手は必需品である。岩で指や手を切ることがあるし、タイドプールでカニなどにはさまれたり、フナムシにかまれたりしたとしても、軍手の上からならケガは少ない。

◆水中めがね・シュノーケル

水中メガネとシュノーケルもあった方がいい。水中メガネがなければ簡単な手づくり箱メガネをつくってみよう。アルミ缶の底とフタを抜いたものやカップめんの底を抜いたものなど筒状のものの一方にラップか透明のビニールを張り、輪ゴムなどでしっかり止めればできあがりである。これを海水面につければ中が実によく見える。光の屈折で実物よりも約1・3倍の大きさにくっきり見えるのだ。

●生き物にふれてみる

観察できるのは主にハゼなど各種小魚、カニ、エビ、ヒトデ、ヤドカリ、ウミウシ、イソギンチャク、貝などであり、子供でも簡単に見つけられる。ただ、保護色などで隠れていたりするので注意深く観察しよう。中の石をひっくり返すと隠れていたカニや小魚が逃げ出して見つけやすい。

ちょっと小さめのタイドプールなら、ゴムホースで水を抜いてみよう。ホース全体を底に沈ませ、片方の口に指を入れて押さえて外に出す。そのままタイドプールの底より低い位置で指を外すと、海水が流れ出してタイドプールの水がほとんど抜けるのである。ホースがない場合はバケツで水をかい出せばいい。

水を抜いたタイドプールでは、中の生き物を簡単に手づかみで捕まえられるので子供は大喜びである。図鑑を持って行って、生き物の名前を調べよう。ただし観察した後は必ず海にかえしてあげるのが鉄則である。

Practice

水辺の生き物を探そう

●身近な水辺の生き物を探そう

近所の公園にも池はあるだろうし、郊外に行けば用水路や沼、小川もあるはずだ。アクセスのいい所で子供と一緒に水辺の生き物を探してみよう。

◆アメンボ

簡単に目に付くのが水面をスイスイ走るアメンボである。漢字で書くと「飴坊」であるが、水あめのようなにおいを出すからだといわれている。ためしに捕まえてにおいをかいでみよう。

すばしっこく逃げ足の速いアメンボを捕まえるのは意外に難しい。水面の波紋に反応して動く習性があるので、ちょっとした波紋をつくってみる。ただし石や木の葉を投げてもダメ。生きた昆虫の波紋に反応するので、バッタでもミミズでもハエでも捕まえて水面に置いてみよう。寄ってきたアメンボを網で捕まえるか、もしくは手のひらで勢いよく水ごと池の外に出してしまおう。

◆トンボ

トンボの交尾や産卵も比較的観察しやすい。郊外に多く生息するアキアカネは、7月に羽化した後、山あいで夏を過ごし、秋に集団で平地に降りてくる。交尾して、水面に卵を産み落としている姿に遭遇することもしばしばである。静かに待っていると、すぐ目の前で産卵することもある。

ちなみに集団で山から帰ってきたアカネはみごとに真っ赤な色をしている。これがいわゆる秋の風物詩、夕焼け小焼けの赤トンボである。

◆小川の生き物たち

小川では春から夏にかけて生き物た

人さし指を立ててじっと待っていると、指の先にトンボがとまることもある。

ちの産卵が行われる。水中メガネや手づくり箱メガネで小川をのぞいてみよう。川底の石をめくっていくと雑魚の稚魚や川エビ、サワガニ、ドジョウなどがちょろちょろと現れる。

また石の裏にはヨシノボリやウキゴリなどのいわゆる雑魚が産み付けた卵の塊が見つかったりする。透き通った米粒大の卵はけっこう美しい。その周りで卵を守っていた親の雑魚が慌てふためいているだろうから、観察後は必ずそっと元の状態に戻しておこう。

◆メダカ

用水路や小川では運がよければメダカを見つけることができる。昭和の時代には「メダカの学校」の愛唱歌にもあるように、どこにでも見つけられたのであるが、現在では農薬などの影響で激減し、絶滅の危機にひんしている。絶滅の前に見つけられれば幸運である。メダカの学校をそっとのぞいて見てごらん。

メダカが住めないような汚れた川でも、沈んでいる空き缶、空き瓶などを拾って、網で受けながら水を出してみよう。小魚や小エビが中から出てくることがよくある。

水辺の中でも人間と同じように弱肉強食の世界で身を隠すのには苦労しているようだ。

Practice

親子で一緒にMTBに乗ろう

小さいころから自転車に親しませる。

●スポーツとしてのアウトドア

子供と一緒にアウトドアを楽しむには、ハイキングやキャンプが入口としてはちょうどいいだろうし、それをずっと続けていくことができれば素晴らしい。しかしアウトドアをスポーツとして考えると、やはり子供には運動神経を使うものを覚えさせ、スポーツセンスを身に付けさせたいというのも親の気持ちだ。男も女もスポーツセンスのいい人は、何かと楽しみの幅が広がるチャンスが多くなるし、モテるのである。

子供のころからスポーツセンスを磨いておけば、子供が親離れした後もそのスポーツでは一緒にアウトドアを楽しむことができる。もちろんそれはカヌーでもスキーでも構わないのだが、最も身近で、いつでも気軽に楽しめるといえばサイクリングであろう。中でもMTBは、そのテクニックを追求するのにある程度高い運動神経を要求されるスポーツなのである。

●自転車の乗り方

まずは、子供に自転車の乗り方を教えよう。幼児用の補助輪付き自転車は、ある程度子供が大きくなれば乗ることができる。だが、補助輪を外して自転車に乗れるようになるまでには、だれもがちょっとした壁を乗り越えてきたはずである。

補助輪を片方だけ外して、慣れたところでもう片方を外す、というステップを踏んだ人も多いと思うが、この方法は壁にぶつかりやすい。

とりあえず幼児用自転車でも構わないので、サドルにまたがって両足が地面にしっかりと付くぐらいの身長になったら、一気に補助輪を両方取ってしまうのである。

そしてまたがったまま、左右の足で交互に地面をけってバランスをとりながら進ませる。何よりもバランス感覚を体得させるのが大切なのだ。恐怖感がなくなるまでたっぷりと時間をかけて、片足ずつ地面をけって乗る練習を繰り返し続けよう。少しずつ両足が地面から離れている時間を長く保つようにしていけば、バランス感覚は身に付いてくる。あとはもうペダルを踏んで進むだけである。

バランスをとりながらペダリングができるようになれば、ブレーキのかけ方やカーブの曲がり方、小回りの仕方などを体で覚えさせればいい。こうすれば、結構早く乗れるようになるものである。

●MTBライディングテクニック

自転車が楽しく乗れるようになったら、MTBの世界へ連れて行こう。

MTBはもともと山のハイキング道などを走るための自転車で、安定性、走破性に優れておりサイクリングの入門には向いている。

何もいきなり山へ連れて行く必要はない。近所の公園や河原などで、変化に富んだ道を走る楽しさを教えればいいのである。そこにはMTBの基本的ライディングテクニックが詰まっているのだ。

徐々に一緒に走れる距離やフィールドが増えていくのが、親子ともども楽しいはずだ。ぜひその楽しみを広げていき、MTBライダーを育て、親子そろってMTB遊びを存分に楽しんでいただきたい。

子供がMTBに乗れるようになったら少し本格的なライディングテクニックを教えたい。まずは自分自身がテクニックを身に付ける必要がある。初心者向けの基本的な小技を覚えて子供にもトライさせてみよう。

◆急坂をのぼる

MTBの高い登坂能力をうまく生かし、河川の堤防やちょっとした小山を一気にのぼってみる。ポイントは事前の加速とギアチェンジである。坂にさしかかる前にペダルをクルクル回す程度の軽いギアに入れ、できるだけ加速する。そして坂の勾配がきつくなる前に更に軽いギアにチェンジして、坂がきつくなっても足の回転を落とさないようにしておく。

定期的なメンテナンスも忘れずに。

安易におしりをサドルから浮かさず前傾姿勢でハンドルをしっかり押さえる。ペダルが重くなって足を回せなくなる前に最も軽いギアにチェンジする。それでも重ければおしりを浮かせて立ちこぎをしても構わないが、できるだけ安定を保ちつつそのまま踏ん張り続け頂上を目指す。「こんな急坂とてものぼれない」と思っても思い切ってトライすれば意外にのぼりきれる。

◆急坂を下る

とてものぼれないような急斜面でも下りならばなんとか乗れる。子供にのぼりは体力勝負だから大人にはかなわないと言い訳されても、下りはテクニックと度胸勝負。場合によっては子供の方が上手くなることだってある。それだけにまだ子供が上達しないうちにテクニックを身に付けて「さすがはパパ！」と言わせておきたい。

まずはポジショニングである、サドルを下げることができれば一番下まで下げておく。下ると同時におしりをサドルから外して後ろに引き後輪の上に座るようにして、両手を軽くのばす。お腹がサドルの上にくるようにポジショニングできれば、見た目にもパフォーマンスの高いスタイルとなる。ただしひじとひざは伸ばし切らずに余裕を持たせショックを吸収する。

ブレーキは後輪からかけ始め、前輪がロックしないように前3後7の割合で効かせる。斜面に対しては直角に下る。斜めに下ってしまうと車輪がロックしたときにスリップして転倒しやすくなるし、怖がって逃げているようでカッコ悪い。短い急坂ならば度胸を決めてブレーキに頼らず直角に一気に下ろう。「急坂下りは度胸で勝負、男ならこれくらいなんてことない」という気概でトライすれば下れるものだ。勇気をもって挑戦する姿勢を子供に教えよう。

◆ギャップを超える

段差や丸太、石などのギャップを超えるのは公園や河原など近所でもトライしやすいし子供と遊ぶにもちょうどよいＭＴＢテクニックの練習となる。

軽いギアに入れてペダルをクルクル回しながら進み、ギャップの直前に軽くブレーキをかけてすぐに放す。同時に腰を後に引いてハンドルをぐっと引き寄せながらペダルを踏み込む。きちんとできれば前輪が軽く浮くはずである。浮かなくても10～15㎝程度のギャップならそのまま前輪が上を越えていく。前輪がギャップを越えた瞬間に今度は前に飛び出すつもりで前傾し、気持ちだけでもペダルからジャンプするようにする。そうすれば後輪が浮くようになり、ギャップを乗り越えることができる。

最初は10㎝程度のギャップで練習し、コツがつかめればより高いギャップにトライしていこう。20～30㎝程度なら普通のＭＴＢで越えられるようになる。

◆階段を下る

階段といっても斜度が30度を越えるような建物内のような階段は素人には対象外である。人が歩く道の10～20度程度の階段ならちょっと練習すれば下れるようになる。

ポジションは急坂下りと同じ、思い切り腰を引いた後傾姿勢のままゆっくりと前輪を落とす。直後に体重を中心に戻して後輪を落とす。その繰り返しとなるが、階段の前後の幅が狭く斜度が20度程度以上ならばずっと腰を引いた後傾姿勢のまま階段の段差に合わせてひじとひざでショックを吸収しながらリズムよく下りたい。

身近な場所で練習を積む。

Practice

雪遊びを満喫しよう

●いろいろな雪遊び

雪を見慣れていない子供にとって、雪はとても新鮮で、興奮するものだ。我々が子供だった時もそうだし小生なんか今でもそうである。もちろんスキーなどで雪国に行った時だって新鮮ではあるが、都会の積雪はことのほか興奮する。雪が積もったら子供と雪遊びに興じよう！

雪の感触を体に感じさせる。

◆XCスキー

XCスキーも都会の公園でできる。我が家の積雪時の恒例行事は、都内の公園で子供をそりに乗せて、XCスキーで引っ張って歩く遊びである。

◆雪の結晶観察

気温が低くて乾いた雪が降ってくれば、雪の結晶を観察してみよう。フリースや毛糸のセーター、帽子などについた雪を虫メガネで拡大してみる。単体では完全にきれいな形の結晶は見ることはできないが、結晶の集合体でも幾何学的で美しく、その姿に見入ってしまう。子供に見せれば自然の不思議さに驚くことだろう。雪だけでなく、草や木についた霜や霧氷を虫メガネで観察するのもお手軽だ。繊細に氷が絡み合う自然の芸術の素晴らしさに、あなたも子供も感動するだろう。

◆そり遊び

子供用のそりはできれば事前に買っておきたい。都会の積雪の直後は、間

子供も大喜びのそり遊び。

違いなくどこに行っても売り切れなのだ。なければダンボールでも構わない。近くの公園や河原にちょっとしたスロープがあれば、そこで楽しもう。

子供が怖がったら親と一緒に乗ればいい。周りにもたくさん子供たちがそり遊びをしているだろうから、慣れてくれば自分一人でも乗りたいと言い出すだろう。スピードを出したければおしりよりも背中でそりに乗る。ただし、前をよく見てスピードの出しすぎに注意しよう。

◆雪国でかまくらづくり

都会ではちょっと無理だが、雪国では子供用のかまくらづくりにトライしてみよう。大人が入れるかまくらはとてもつくれないが、子供が中に入るだけのスペースならば何とかなる。シャベルがあればいいが、なければ子供の砂遊び用のスコップでもつくることは可能だ。

まずは雪山をつくる。積雪の深そうな場所に周りから雪をかき集めてしっかり固めながら高さ1m位まで頑張って積み上げよう。そして雪山の横からひたすら掘るのである。横だけでなく積雪がある下にも掘って行けばさらにスペースが広がる。上に穴が開かないように、中から壁を固めながら空洞を広げて行こう。60㎝四方程度の空間が確保できれば、幼稚園児くらいまでの子供が楽に中に入れる。

これで喜ばない子供はいない。できれば交代で自分も頭だけ突っ込んでみよう！　苦労してつくった作品の中で雪を通した柔らかな光に包まれる時、あなた自身も喜びに包まれるはずだ。

かまくらづくりには満足感と喜びがある。

冬の雪原をスノーシューで楽しむ

Practice

●素晴らしきバックカントリーの世界

冬の雪原は素晴らしい。だれ一人いない真っ白な原野には、凛とした空気の中にクリスタルのような大自然の光沢を感じることができる。いわゆるバックカントリーの世界を楽しむのに、高度なスキー技術や登山技術は必要ない。スノーシューを使えば、老若男女だれもが入り込めるところなのだ。

そんな素晴らしい世界にもかかわらず、いまだそのフィールドは混雑が少なく、静かに自然と対話ができる。子供に冬という切り口でのアウトドア教育をするには、スノーシューは実に素敵なスポーツなのである。

●「スノーシュー」とは

「スノーシュー」とは昔の「かんじき」の現代型改良版といったところ。要は靴の延長なので、ちょっとマタを開きながら歩く感覚さえつかめれば、だれでもすぐに使える。「かんじき」とは違ってつま先だけを固定してかかとが浮く、いわゆるヒールフリーなので、雪上でもとても歩きやすい。素材もアルミパイプなどで軽量。手持ちのスノボー用シューズなどがそのまま使えるし、普通の素材のシューズでも、防水透湿素材のスパッツをつければO

雪道もスノーシューでラクラク。

休憩時に体を冷やさない工夫を。

Kだ。もちろん子供用のスノーシューもレンタルできる。

スノーシューやXCスキーは、体力的にも体温調節機能の観点からも、ある程度手がかからずにアウトドアに連れ出せる小学生になってからがよいだろう。ただし子供は夢中になると体調を崩しても気づかないことがある。調子よく歩き回っていても適度に休憩を取るように心がけよう。

動いているときはいいが、止まっていると子供の体は大人以上に冷えやすい。しっかりとした防寒ウエアを着せて、特に手袋と靴下は濡らさないように気を配ろう。

●自然に対するマナーを守ろう

コースは夏の間は散策路となっている湿原や、湖沼の周回路など比較的平坦な雪原がお勧めである。コース途中の休憩所などにはベンチやイスが雪に埋もれているが、それを掘り出してランチにするのも楽しい。リュックにお弁当とガスバーナーを入れて雪原に繰り出そう。冬のアウトドアがとても楽しみになってくる。

しかし、この穴場的スポーツも最近は愛好者がかなりの勢いで増えつつある。MTBのフィールドも80年代初めはどこにでも広がっていたが、90年代に爆発的に人気が出てからは、マナーの悪い人たちも増え、あちこちのフィールドでMTBが立ち入り禁止になってしまった。

バックカントリーの世界だけは、このように締め出されることのないよう、自然に対するマナーを守って、いつまでも自由に楽しめるようにしていきたいものである。

雪景色を見ながらのランチは新鮮である。

Practice

ＸＣスキーで大自然に触れる

●自分の思うままに歩く楽しさ

　ＸＣスキーと聞いて「大変そう」とか「つらそう」と思う人は結構多い。これはオリンピック競技などのハードなシーンばかりがＴＶなどでピックアップされていることに起因すると思われるが、我々の楽しむＸＣスキーは冬の大自然との触れ合いを満喫する素晴らしいアウトドアであり、決してハードスポーツではない。

　雪の野山をだれの指図も受けず、自分たちの思うままに歩くのである。雪のない時期にはルート以外に立ち入ることのできないところでも、深い雪の湿原や、厚い氷と雪に覆われた沼や池の上などさまざまな未踏の地にも行くことができる。積雪のない時期には見ることのできない角度からの景色には自分たちだけのものといった優越感を覚えることもある。

　子供を連れてのＸＣスキーは親が経験者であることが大前提だが、この穴場的スポーツの経験者は意外と少ない。でも、全くスキーができない素人でもできちゃうからおもしろい。近代スポーツであるゲレンデスキーは簡単には習得できないが、ＸＣスキー、つまり歩くスキーは２０００～３０００年以上前に雪上を歩く術として北欧地域で始まっている。人類にとってはウォーキングと同様に生活の一部がスポーツ化したもので子供でも比較的簡単にできるものなのだ。

●ＸＣスキーに挑戦

　ポールを使った４本足で雪面に立つ。そのまま「すり足」で歩けばすぐ

雪山は夏とは一味違う表情を見せる。

に進める。靴のつま先だけが板につながっているので、かかとを浮かせて歩けるのである。板は極めて細くて軽い。片足を前に出すと同時に出した足の横の雪面をポールでしっかりとらえ、グッと手前に引き寄せる。そして後ろへ押し出すのだが、同時に足を後ろにけり出すようにする。慣れてくればこれだけでスイスイ滑り出すのだ。半日もしないうちに、起伏の少ない雪原を歩いたり、滑ったり、走れるようになる。子供は重心が低いので大人よりも雪上では安定しやすい。転倒してもダメージは少なく立ち上がりも容易である。親の経験が少ないがとりあえず子供を連れて行く場合は、やはりXCスキーコースがある所がいいだろう。裏磐梯、日光、妙高山、乗鞍、ハチ北高原など、昔からXCスキーのフィールドがあり、スクールもある所がいい。最近は、冬の牧場やゴルフ場をXCスキー場として開放しているところもあちこちに増えつつある。

自分のペースで進めるのがうれしい。

●レンタルを利用する

そんなところはどこでも、XCスキーセットのレンタルをしている。一式で2000～3000円なので、手軽に借りてトライしよう。もちろんスノーシューのレンタルもあり、こちらは1000～2000円程度である。特定の場所に行かなくても、XCスキーもスノーシューも雪さえ積もっていればどこでも楽しめる。冬に閉鎖されている一般の車道や林道などはビギナーには格好のフィールドになる。まずは自分でXCスキーに挑戦し、そして子供と一緒にXCスキーを楽しもう。そこには素晴らしい世界が待っているのである。

Practice

浄化した川の水を飲んでみる

水はどこから来るのか子供と考えてみよう。

●流量の多い河川でトライ

アウトドアに水は必需品である。そして言うまでもなく、人間は水がなければ生きていくことができない。人間の体重の60%以上が水分で占められているのだ。

体重の1%の水分がなくなるとのどが渇く。5%で脱水症状の手足の震えが発生し、更に体温上昇、10%で重度の脱水症状となり命が危ない。20%なら致命に至る。また人間は1日に排尿排便・発汗・呼吸などで約2・5ℓの水分を排出している。逆にいえば、1日2・5ℓの水分を補給しなければならないのだ。

今の日本ではアウトドアで水を入手するのに苦労するようなことはないが、子供へのアウトドア教育を兼ねて水の浄化を楽しんでみよう。大地震で水道がストップした場合などいざというときに役立つものである。

川の水を浄化して飲んでみるといっても、汚染度の高い東京の綾瀬川や大阪の大和川などは非現実的である。せめて利根川や多摩川、木曽川といった都会にあっても流量の多い河川でトライしたい。

◆簡単なろ過法

まず始めは沈殿である。水をくんで置いておくだけなので、最低一晩置いておく必要があるが、時間が限られていれば割愛しても構わない。次に簡単なフィルターにかける。これはタオルや日本手ぬぐい、バンダナ、Tシャツなどを使ってこすのである。これだけでもちょっときれいになった気がするだろう。もし、色やにおいが結構残っていれば少量の墨汁をたらしてみる。黒い墨を入れたのに、透明度が増していく不思議な現象を見ることができる。

◆小型ろ過器をつくる

次のステップは小型のろ過器の製作である。

材料・用具

ペットボトル（2ℓ）　1本

砂・小石　適宜

木炭　適宜

ササ、桜の葉、毛糸など　適宜

カッター・ハンマー

①ペットボトルの底を抜いて入れ物にする。子供にはきれいな砂と小石を集めさせておこう。

②ペットボトルの飲み口側を下にして、小石を詰め込む。これは最後に水を流れやすくするためである。

③小石の上に砂を5cm敷き詰める。

④次に木炭を入れる。木炭が最大の浄化機能を発揮するので10〜15cmびっしり詰め込みたい。すき間なく詰め込むために炭をハンマーで砕いて細かくしておけばよい。

⑤さらにもう一度砂を5cm入れ、一番上にはササや桜の葉をつぶして入れてできあがり。これらの葉には殺菌効果があるので安心である。ササや桜の葉がなければ毛糸を敷き詰める。普通の枯葉や麻ひもなどでも代用できる。

この小型ろ過器にゆっくりと水を注ぐのである。しばらくすると、飲み口からポタポタと透き通った水が落ちてくる。想像よりもずっとキレイでにおいも少なく、きっとそのできばえと威力に感激を覚えるはずだ。もしにおいや色が残っていれば2〜3回ろ過を繰り返せばよい。そうやってできた浄化水を一度沸騰させれば問題なく飲めるし、料理にも使える。

ウォーターピルで殺菌する方法もある。このウォーターピルはアウトドアショップで入手でき、これさえあれば、小便でも飲み水になる。でも、子供とアウトドアを楽しむのならばやはり、このろ過器をつくって浄化するのがいいだろう。ウォーターピルを使わずに自分で浄化した川の水を、自信を持って飲んでみよう！

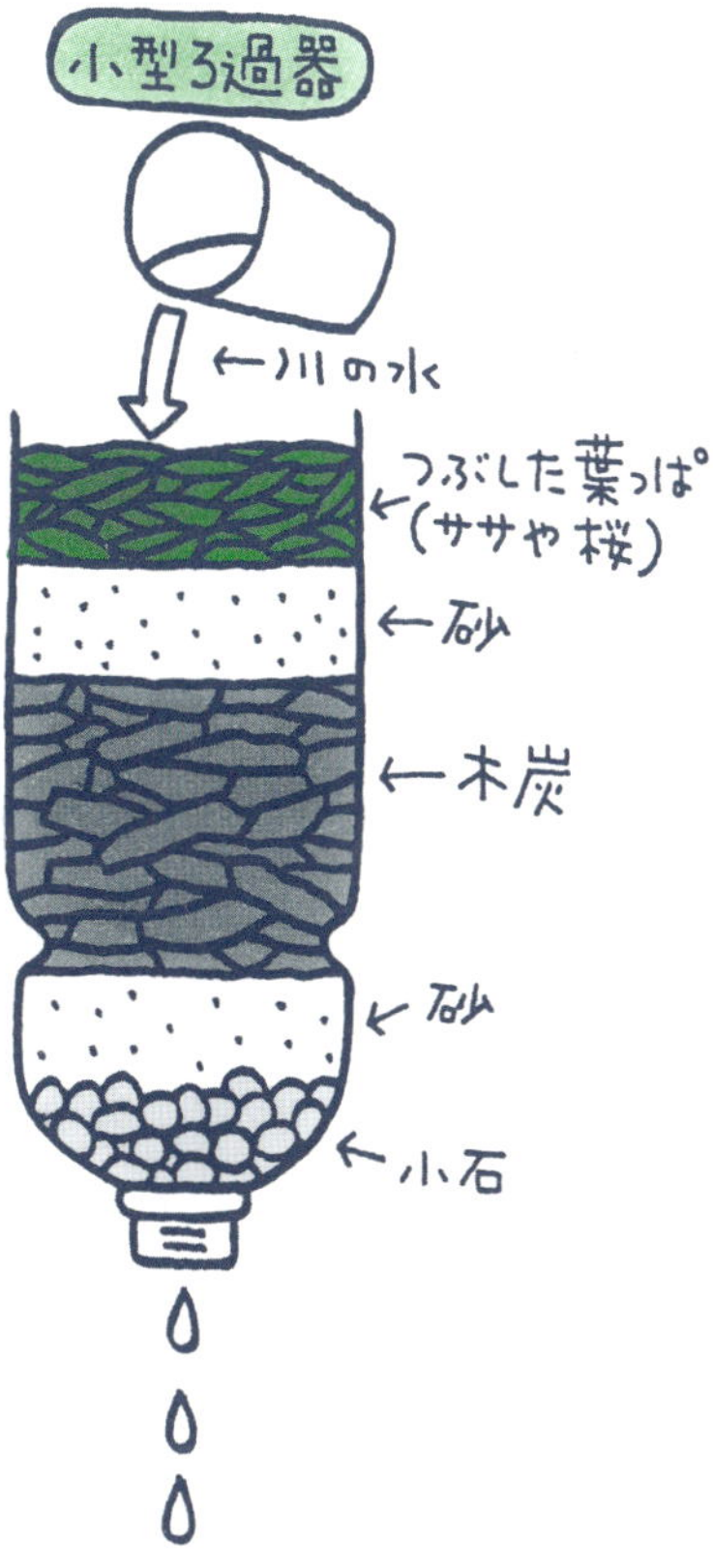

Practice

方位を知るノウハウ

●アウトドアでの方位の調べ方

サラリーマンの世界では仕事の方向を見失うことがちょくちょくある。ある上司は「あっちに行け」と言い、別の上司からは「こっちに行け」と指示が出る。仕事の世界なら笑い話になるが、アウトドアで方向を見失うと危険な目に遭う可能性もあるので、方角を知るノウハウは知っておきたい。これもサバイバル知識として子供にもしっかりと教えておきたいものである。

◆昼の場合

腕時計と太陽で調べることができる。アナログ時計ならそのまま短針を太陽の方向に合わせよう。デジタル時計なら、時刻をアナログに置き換えて、地面などに短針が太陽方向になるように描いてみる。

12時の方向と太陽の方向（短針方向）がつくる小さい方の角の2分の1の方向、つまり短針と12時の中間が南になるのである。

理屈はちょっとややこしいが簡単に説明すると、太陽は24時間で３６０度回転し、時計の短針は12時間で３６０度回転する。もし24時間時計なら短針の方向を太陽に合わせれば、12時の方向が南になるのはお分かりいただけるだろう。そう12時に太陽は南にあるのである。しかし12時間時計は太陽の2倍の速さで短針が進むので、12時との

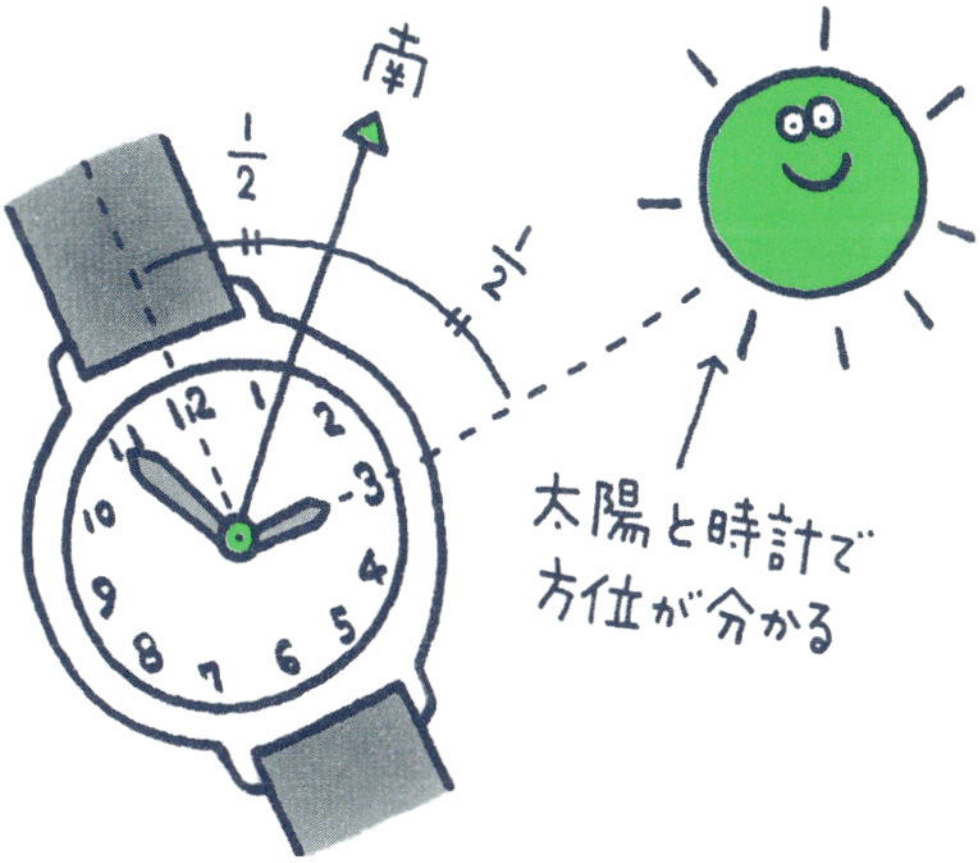

間の2分の1が南になるわけ。分かりましたか？ 別にいちいちアナログ板を使わなくても、太陽は1時間に15度動くわけだから（360度÷24時間＝15度）もし3時ならば太陽の45度左が南ということになる。

ではその15度なり45度をどうやって測るのか？ それには人間の手が役に立つ。

普通に大きく手のひらを広げてみよう。親指は除き、人差し指と中指、中指と薬指、そして小指とのそれぞれの角度がおおむね15度となる。

また、逆にコンパスがあれば太陽の位置からおおよその時間を知ることができる。南の方向をコンパスで確認し、そこから太陽が何度ずれているかで計算するのだ。たとえば太陽が東側に30度ずれていれば12時の2時間前、つまり10時ということになる。

子供と算数の勉強をしているようだが、こういうことをきっかけに算数にもアウトドアにも興味が深まればしめたものである。

◆夜の場合

夜なら星座で方角が分かる。北極星は常にほぼ真北にある。北斗七星やカシオペア座を使った北極星の見つけ方はご存知のはずだ。北斗七星のひしゃくの先の5倍、カシオペア座の中心の延長上の5倍である。キャンプの夜などに子供に分かりやすく教えてあげよう。きっと授業や教科書では習っていても、実際にきれいに輝く北斗七星を見ながら北極星を探すことは都会の空では難しい。星空の美しさの意味を知るとともにアウトドアでの大切な教育の一環となるはずだ。

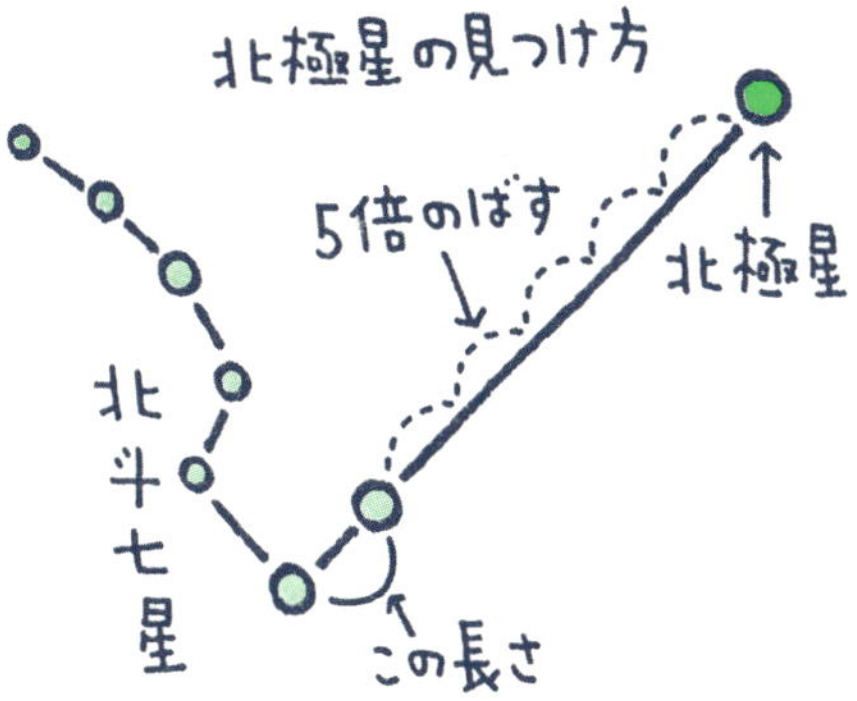

Practice

自宅でセミの羽化を観察する

ポイントは木の根もと
地面から出てくる
セミの幼虫

●セミの幼虫を探そう

アウトドアを通じて子供に自然の偉大さを教えたいのはアウトドアマンとして親として当然のことだと思う。そんな中でも生命の神秘に立ち会う機会はそんなにあるわけではない。が、意外にも都会の真ん中でも感動的な生命の尊さを演じるショーを楽しむことができる。セミの羽化の観察はセミの鳴き声の聞こえるところならば見られる可能性がある身近な神秘的なショーなのだ。都会の公園や寺社、普通の道路の街路樹などセミのいる木があれば観察できるかもしれない。

セミの羽化は天敵のスズメやカラスの活動を避けて夜に行われる。日没後から明け方にかけて6〜8時間、夜を徹して羽化する。季節は6月から8月で、雨の後の比較的地面の柔らかい曇りまたは晴れの夜が観察の絶好の機会である。

虫除けと懐中電灯を持って子供と一緒に近所の街路樹の根元を見て回ろう。街灯があればなお観察しやすいし、寺社や公園の暗闇よりも安全である。

ポイントは木の根元にセミの幼虫が出てきた穴がたくさん開いているところや、枝葉や幹にセミの抜け殻がある木を何カ所か押さえ、何分かごとにその場所と木の幹や枝を見て回ることである。幼虫はめったやたらとは見つからないが何カ所かを日没から2〜3時間の間に見て回れば見つかるチャンスは増えるし、ダメなら何日かかけて地道にトライすればまず見つけられる。

●幼虫を見つけたら

幼虫を見つけたらその場で観察するのが基本だが、羽化には時間がかかるし蚊の襲撃もある。道端や公園で懐中電灯を持ってコソコソしているとあらぬ誤解をされかねないので、幼虫がまだ木に登っている最中または体を動かしている段階ならば木の枝などに止まらせてそのまま自宅まで持って帰ろう。ただしじっとして動かず羽化の準備に入っていそうならばそっとその場で観察したい。

自宅ではカーテンなどにつかまらせる。羽化は木の幹よりも葉の上などで行うことが多いのでカーテンだと彼らも違和感なく脱皮できるのである。

羽化はまず木登りならぬカーテン登りから始まる。動きが止まると羽化の準備に入った証拠である。30分程度じっとした後、背中が割れ始める。そこから頭が見え始め、折りたたまれた羽と足が出てきてしばらくすると後ろに反ったり起き上がったりを繰り返しながら殻から完全に抜け出す。ここまで背中が割れ始めてから1〜2時間かかる。

そして徐々に羽が伸びてくる。10〜30分で羽が伸びきるがほとんどのセミはこの段階では白くて透明感のある美しい色をしている。そして少しずつ羽に色がついてくる。それ以降は夜明けにかけて色がどんどん濃くなっていき、明け方には飛び立てる状態になる。

子供と観察するのは深夜になる前の羽が伸びきるあたりまででよいだろう。そこまでの間は変化が大きく、見ていて神秘的であり、子供はその動きの一つ一つに感動すること間違いなしである。

抜け殻は子供の宝物になる。

Theory

TVゲームから子供を救出せよ

●子供にアウトドアを体験させよう

エレクトロニクスの進歩は目覚しく、ナノテクノロジーだとか量子コンピューターだとか技術は日々どんどん進んでいる。

もちろん明日を担う子供たちにはそれらを理解して、社会の発展につなげてもらいたいと願うのであるが、現実はTVゲームやネットゲームにはまっている子供たちが非常に多い。

コミュニケーション不足もアウトドアで解消。

しかも、中には殺人ゲームや顔の見えない不特定多数の人たちとネット上で模擬戦争をするゲームなどがあり、大人でも思わず息を飲むような実にリアルな迫力ある映像でヴァーチャル体験しているのだ。現実にゲームをまねた少年たちの犯罪が増えている。こんな子供たちばかりではないと願いたいが、TVゲームにはまっているあなたの子供も、多かれ少なかれ、現実とヴァーチャルの世界を混同するリスクを潜在的に植え付けられつつある。

子供たちに現実の世界をはっきりと教えるのは、親の使命である。デジタルの世界では決して味わうことのできない、自然の中でのアウトドアを体験させよう。ハイテク技術を駆使した遊びでなく、自然の中のローテクで構わない。身近な物を活用した遊びを教えていくことで、地に足の付いた常識を身に付けさせるのである。

自然の中で生き生きと遊ばせることの大切さ。

●子供の本来の姿

子供は遊びの中で、歩き、走り、飛

び、よじ登る。触ったり、においをかいだり、痛みを知る。大いに笑い、泣き、怒り、悲しみ、喜んだりもする。それらの経験の中で危険を察知したり、協力することを覚えたりしていくのである。

　また子供は好奇心旺盛である。いろんなことに興味をもち、疑問を持つのが本来の姿だと思う。それに答えるのは親の義務であり、それが大切なコミュニケーションとなって成長していくのだ。デジタルの世界ではその中だけで物事が完結してしまい、人間本来の姿は教えられない。

自然との触れ合いが子供を成長させる。

●子供とともに学ぶ

　しかし、教える立場の親たちも、実は子供時代を主にＴＶゲームで遊ぶことが多かったりする場合もある。教えるノウハウを知らないどころか、遊びそのものを親たちが知らないということもあるのが現実だろう。

　それならば、子供と一緒になって遊べばいいじゃないか。できるフリしないでできないことをさらけ出し、大いに恥をかく方が子供も楽しいし、子供の目線に戻って人間本来の楽しみを見直すことができるだろう。子供の教育と銘打って、童心に返って堂々と思いっきり遊ぼう！　親が一生懸命遊んでいれば、子供もきっと一緒になって遊ぶはずだ。

　本来、子供は遊びの天才といわれているだけあって、一緒に遊んでいると、子供の自由な発想力、想像力に驚かされる。親が子供に教育されるチャンスでもあるのだ。

　自然の中で親子で思いっきり遊ぶことで、現代社会の生活に欠乏している心の栄養をたっぷり取り込んで、子供を心身ともに健全に育て、そして自らも育っていこうではないか！

子供の体力を把握する

●子供の体力は千差万別

子供をアウトドアに連れ出し、一緒に遊んでいたのだが、突然子供がダウンしてしまい大慌て、ということがある。そのようなことにならないように、子供の体と体力をよく把握しておく必要がある。

　父親が子供と、アウトドア教育だと張り切って野山や河原で遊んでいると、親子ともども夢中になってしまい、気がつくと子供が日射病で倒れてしまう、というのは実際よくある話だ。

　子供によっても体力は千差万別である。同世代の子供がやっているからといって、だれでも同じことができるわけではない。幼児期に外でのびのびと体を動かして遊んだ子供と、都会のマンションで外にはあまり出ることができなかった子供、スイミングや体操教室に通っていた子供とそうでない子供、生まれつき健康な子供と病弱な子供。それぞれ一人ひとりの体力はバラバラなのである。自分の子供の体力を一番よく把握しているのは間違いなく母親なので、そのアドバイスを聞き、指示に従うのが賢明であることは言うまでもない。

休憩をとって体力回復。

●子供の視点で物を見て行動する

大切なことは、子供の視点で物を見て、行動すること。大人にとっては何でもない段差が、子供にとっては大きな障害になる。大人の視点で子供にアドバイスし、サポートするのでなく、自分が子供の立場に立って、どうすればよいかを考え、教えていこう。

安易にしかることは、子供にとっても親にとっても楽しさが減ってしまう。逆に、過保護になって何でも親が手を出せば、子供の自発心や想像力の芽を摘んでしまうこととなる。怒らず、辛抱強く、子供が自分でできるようにサポートすることが大切なのである。

●子供の発する信号に注意する

子供の体力を把握する上で、彼らの発する信号によく注意しておこう。疲れてくると、お腹が痛いとか、帰りたいとか言い出すものである。ハイキングで自分のリュックを背負っているときなど、親が荷物を持ってやったり、おやつを食べたりすると、ケロッと元気になって、何事もなかったように歩き出したりするものだ。

いずれにせよ、子供は体力的に大人に比べてはるかに体力がないので、さまざまな要因に対応できないことを理解しておこう。そして、できる限りベストの状態でアウトドアを楽しませてあげたい。

詳細は母親とよく相談すべきだが、暑さ寒さに対する衣類の調節を、面倒がらずに頻繁に行い、水分補給に気をつけ、食事はしっかり食べさせる。前日は早く眠らせ、睡眠不足にさせない。直射日光下では帽子は必ずかぶらせることが必要だ。親子ともどもに楽しくアウトドアするには、知識と事前準備は大切なのである。

事前の体調管理はしっかりと!

年齢別アウトドアの楽しませ方

Theory

子供の成長に合わせたアウトドアを選ぶ。

●子供の年齢によって異なる

アウトドア好きの親にとって、子供の誕生はフラストレーションの始まりである。今まで通りにアウトドアを楽しむことが当分できなくなるばかりか、場合によっては大人だけで存分に楽しめるアウトドアには数年以上おあずけになるかもしれない（家族の理解次第ではあるが……）。

子供を持つ時にはそういう覚悟も必要なのだ。子供の年代別アウトドアの楽しみ方、楽しませ方を考えてみよう。

◆0歳児

新生児をアウトドアに連れて行く親はいないと思うが、首が座れば、ハイキングやデイキャンプくらいには連れ出す人もいるだろう。

1歳くらいまでなら、赤ん坊はあちこちに動き回らないしオッパイ（母乳）があるのでミルクと保温ボトルなどを予備に持って行けば、結構楽に乗り切れるかもしれない。しかし、あくまで母親次第である。

◆1歳

離乳食になると、持参物が急に増える。寝返りやつかまり立ちを始めれば、何かとリスクも増えてきて面倒になる。

子供を背負ってハイキングやXCスキーをすることもできなくはないが、ちょっと厳しい。特に、寒さには敏感に反応するので要注意である。

子連れでハイキング。

◆2歳

ヨチヨチ歩きが始まると目が離せない。更にしっかり歩けるようになればもっとやっかいで、大人が必ずついていないと危険でしかたがない。

アウトドアをするのは一番大変な時期である。

◆3、4歳

デイキャンプ、または1泊程度の近場のキャンプや、ごく軽いハイキングなら、なんとかできる年代。4歳程度になればこれくらいのアウトドアなら大丈夫だろう。

ただし、子供がダウンして背負わなければならないリスクはかなり残っているので、いざというときの覚悟が必要だ。

◆5、6歳

キャンプやハイキングならもう問題はない。ＭＴＢもぼちぼち楽しめるだろうし、ＸＣスキーも始めて大丈夫である。ただし、ちょこまか走り回り落ち着きがなく、はしゃぎ回る年ごろなので、周りに迷惑をかけない配慮と教育が必要となる。

野山や河原、浜辺などでの自然遊びも大人と一緒に楽しめる。

◆小学校1〜3年

体力もかなりついてきて、大人の行動に引けを取らない場合だってある。

親の負担はかなり小さくなり、徐々に大人のアウトドアに近づいていけるが、まだまだ親に頼らないと行動はできない。

自然遊びやアウトドアを通じた教育が、一番やりやすく、また大切な時期でもある。

必要な所では大人が手を貸す。

◆小学校4年以上

感受性が強くなり、だんだんと難しい年代になってくる。体力的には大人に準じる状況になってくるが、年齢が上がるにつれて親離れをしてくるので、このころまでにアウトドアを通じて父親としての教育をしっかりとしておきたい。

Theory

食べ物で子供を釣る?

●頑張ることを覚えさせる

人間は本能的に食欲を満たすためなら理屈抜きのパワーが出るものである。アウトドアに子供を連れ出すとき、アウトドアで子供が疲れてダダをこね出したときにこの本能を上手に使えば、結構思うように動くものである。

ハイキングやMTB、XCスキーののぼりなどで、子供がバテ気味になって途端にペースが落ちるとか、疲れたとか言い出したら「馬にニンジン作戦」開始である。あそこまで行けばおやつをあげるとか、峠や頂上に着けばランチにしようとか言って頑張らせるのである。

ただし安易にその場で「ニンジン」を与えないでおきたい。疲れたからといってすぐに与えると、甘えてしまい、頑張ることを覚えない。できるだけニンジンで引っ張るのである。

ある程度引っ張って、もう本当に動けなくなりそうになったら、初めて少しおやつなどを与えればいい。その際も好きなだけ食べさせずに、目標を達成した段階で、必要と思われる分、つまり疲労の回復と今後の行動に必要な量を与えればいいのだ。アウトドアでは常に食料はある程度保持しているべきであり、その基本を教える意味でも、好き勝手に食べさせるのは小学生以前くらいまでとすべきだと思う。

●どんなものを与えればいいか

与えるものはスナック菓子よりも、糖分補給になるチョコレートやキャラ

子供本人の頑張りが大切。

メル類、アメなどや、お腹の足しになるバナナやバランスのとれた栄養補助食品、ビスケットやクッキーなどがよい。水分も欲しがるので、ジュースやお茶、水を与えればいいが、直接ボトルなどから飲むとノドの乾きにまかせてガブ飲みし、後でバテる要因になる。必ずコップに入れて少しずつ飲ませるようにしよう。

　子供の好物はなるべく与えず、最後にゴールした時のご褒美とか、疲れてダダをこねて動かなくなったときの切り札として残しておきたい。

●子供の自主性を尊重する

　キャンプの時などでも、サイトの設営や食事の準備は積極的に子供にさせよう。子供はアウトドアでの食事にワクワクするものである。自分たちでつくることへの喜びを味わわせるためにも、いろんなことをさせてみる。

　ただし手伝わせるのではなく、子供自らやることが大事である。頑張ればおいしい食事が待っているということをエサにして、いろんなことを教え込みたい。

　食事に興味の薄い子供はデザートで釣るといい。アウトドアでゼリーやプリン、アイスクリームなどをつくってみるのである。アウトドアでアイスクリームがつくれるのかと思うかもしれないが、氷と塩を活用すれば、夏の屋外でもつくれるのである。きっと子供も感激し、そのために頑張ること間違いなしである。

◆アウトドアでつくるアイスクリーム

材料・用具

卵　1個
牛乳　150cc
砂糖　40g
生クリーム　75cc
氷　1袋
塩　100～150g
ボウル（スチール製）　大小各1個
泡立て器

①小さい方のボウルに卵、牛乳、砂糖、生クリームを入れる。
②①のボウルより一回り大きなボウルに氷、塩を入れてかき混ぜ、その中に材料を入れたスチール製のボウルを入れて冷やす。
③片手でボウルを押さえながら、20～30分間ひたすら混ぜ合わせる。
④材料が固まったらできあがり。

おやつを与えるタイミングに気をつける。

Theory

ナイフの使い方を教えよう

●親の責任で教えるナイフの使用法

TVゲームにはまって、現実とヴァーチャルの世界を混同し、犯罪を起こしてしまう少年が増えているという。

刃を手前に向けない
ナイフを持ってふざけない
刃先を相手に向けて渡さない

それもナイフを使った恐ろしい犯罪だ。ナイフを犯罪に使うことなど親が教えるわけがないが、テレビやマンガ雑誌などを通じて、日常的にそんなシーンが子供たちの目に触れているのが現状である。親の責任として子供が万が一にも間違いを起こさないよう、社会の基本的ルールとともに、正しいナイフの使い方を教えていただきたい。

●ナイフの基本ルール

残念ながら親の世代でもナイフの使い方をちゃんと知らない人が非常に多い。アウトドアマンとしては、子供に教える前にきっちりと覚えておきたい項目である。

まずはナイフを実際に使う前の基本的なルール頭に入れておこう。

・ナイフは凶器になりうるもの。使用時には決して悪ふざけはしない。

・ナイフを投げたり、木に突き刺して遊んだりしてはならない。

・ナイフの貸し借りには、有事の際、貸し手にも責任がある（気軽に人に渡

滑るようにスライドさせて切る○

刃を上から押し当てるのは×

さない）。
・人に手渡すときは必ず柄を向ける。
・ナイフをケースから抜くときは、すぐそばに人がいないことを確認する。
　ちなみに刃渡り６㎝以上のシースナイフ、刃渡り８㎝以上のフォールディングナイフについては、理由なく持ち歩くことは法的に認められていないので注意が必要である。

●ナイフ使用時の原則

　次にナイフを使うときの原則である。
・使うときは必ず利き手でしっかりと持つ。
・ナイフの刃が進む方向に絶対に手や指を置かない。
・自分の方向に向けてナイフを進めない（決して手前に向けない）。
・脇をしっかりと締めて作業する。
・木を削るときは木を固定し、刃を小さく動かしながら少しずつ削る。
・鉛筆など小さなものを削るときは、ナイフの背に親指をあててナイフを固定し、鉛筆を引きながら少しずつ削っていく。
・ナイフは押し当てたり、たたきつけたりせず、前後にスライドしながら使うのが基本。
　子供に教えるときも、あなたが使うときも、十分注意は必要だが、少々指先を切ったくらいではガタガタ言わない。痛みを体験することにより、その危険性を理解することも大切なのだ。

　更に用途に応じた使い方を学びたいならば、専門書などで勉強してから使うことを心がけよう。

●アウトドアから学ぶ社会のルール

美しい自然を未来に残そう。

●最近のアウトドアフィールド

「最近の若い者は……」という上の世代からの言葉に、我々は反感を覚えたものであるが、実際自分が歳をとってみると、ついついそう言いたくなる気持ちも理解できるようになってきた。

最近のアウトドアフィールドには、マナーや社会ルールの基本が分かっていない人たちが増えていると嘆きたくなることがしばしばあるのだ。公共の場であるアウトドアフィールドにおいて、時々自分のことしか考えていない勝手きままな人々が現れることがある。自分の好きなように振る舞い、周りの迷惑などなんのその。自然破壊も、ゴミの投げ捨てや散らかしも平気。注意すれば、かえって横暴な態度をとる人だっている。

子供たちだけにはそのような大人には育って欲しくない。そのためにも、アウトドアを通じて社会のルールを教え込むことはとても重要なのである。

●ゴミの捨て方について

子供と一緒にアウトドアを楽しむのもいいが、アウトドアを通じて子供たちをきっちり教育していきたいものだ。

例えばゴミ一つとっても、家庭ではきっちり分別している子供が、アウトドアに出るとその辺にポイ捨てしてしまう。分別ゴミは家庭の中、都会の中だけのルールだと思っていたというのである。

実際、山歩きやＭＴＢなどでアウトドアを楽しんでいると、不法投棄のようなゴミに出くわすことがある。ポイ捨てされたゴミを見かけることなどしょっちゅうである。決してそれに背を向けずに、ポイ捨てされたゴミを拾おう。そしてちゃんとゴミ箱に捨てるのだ。子供にも必ずそうさせていただきたい。何より身をもって教えることが大切なのだと思う。それができるのがアウトドアなのだ。

●子供を過保護にしない

また、現代は少子化の影響もあってか、親や祖父母などからも過保護に育てられている子供が増えつつある。勉強はできるかもしれないが、わがままに育てられ、自分だけ、もしくは身内や友人だけがよければいいといったふうに育ち、前述のような嘆かわしい常識を持った大人の予備軍になってしまうかもしれない。過保護に育てられた子供には本当の強さが身に付かないと思う。弱いものをかばう強さがなく、自衛のための強さもない、イジメにあいやすい子供は過保護からきているようにも思える。

例えば、一人っ子の子供をアウトドアに連れて行く場合、集団生活を学ばせる意味でも、友人家族や親戚などと一緒にアウトドアに出かけ、子供たちだけで遊ばせるといいかもしれない。キャンプならば、子供たちに共同責任で食事の後片付けを最後まできっちりやらせ、親は一切口も手も出さない。泣き付いてきても、自分たちで解決させるのである。トラブルはつきものだが、それが彼らを成長させる。子供にとっては、仕事を押し付けられる被害者意識も生まれるかもしれないが、そういったことも社会では日常茶飯事。毅然とした態度で集団指導しよう。

これは子供の教育だけでなく、親である我々にとってもよい勉強になると思う。そして少しでも多くの正しいマナーを身に付けたアウトドアマンが増えることを望みたい。

子供に自分の仕事に責任を持たせる。

Father's Note

親父の威厳を見せる

現代において「親父の威厳」という言葉は死語に近づいている。多忙なサラリーマンである我々にとって、なかなか子供を教育する時間の確保は難しく、確保できても教育よりは一緒になって遊ぶ程度が関の山。おまけに家庭では奥さんのしりに敷かれているようであれば、「親父の威厳」のかけらすら子供に見せることはできない。

とはいえサラリーマン家庭では、仕事を通してそれを感じさせるのは、なかなか難しいだろう。ならばアウトドアで見せようじゃないか。子供がある程度自分一人で身の回りのことができるようになったら、子供にアウトドアでの仕事を任せよう。キャンプでのマキ集めや洗い物、テーブルやテントの組み立てなど何でもいい。ただし一切手を貸さず、すべて自分でやり遂げさせるのである。どうしても上手くできなければ、親父がそこで初めて範を垂れる。親父のように物事をきちんとできるようになりたいと思わせるのが教育であり、「親父の威厳」でもあるのだ。親父がリーダーシップを取り、子供たちのガキ大将のような存在になることが大切なのだ。

「子供は親父の背中を見て育つ」という言葉があるが、アウトドアを一つのきっかけにして、「親父の威厳」をしっかり見せ、何とかその背中に食らい付かせるように親父として一所懸命に頑張ってみよう。何も完ぺきである必要はない。子供に正面からぶつかっていき、時には弱さもさらけ出せばいいのである。一人の人間としての一生懸命な姿に、必ず子供はついてくるのだ！

PART 3

友人家族と魅力のアウトドア

アウトドア仲間が増えれば楽しさ倍増
上手なエスコートで女性仲間も増やせる

Practice

友人家族とグッズをシェア

アウトドア仲間を増やす

アウトドアをより楽しくするには家族だけでなく仲間がいた方がよい。楽しみも倍増するし、お互いに何かと吸収するものがあるはずだ。まずは友人や会社の同僚に声をかけてみよう。仲間は同世代に限らない。親戚やいとこ、おいやめいとアウトドアを一緒に楽しんでいる人もたくさんいる。また、近所付き合いや子供の学校のＰＴＡ関係など、積極的にいろんな人に声をかけてみれば何人か話の合う人がいるものだ。アウトドア好きやアウトドアに興味のある人がいれば誘ってみよう。

特に母親同士が仲良くなれば、それぞれの家族同士も仲良くなりやすい。それ相手の家族も含めた付き合いになれば、アウトドアの楽しみもメリットもいろいろと膨らむのである。

ダッチオーブンをシェアする

何かとお金のかかるアウトドアではあるが、仲間ができれば同じアウトドア仲間として上手にグッズを共有して持ち合うこともできる。共有しやすいグッズとしては自転車やカヌー、ＸＣスキーなど、各個人に必要なギアはあまり向かないが、キャンプ用品なら少ない投資で多くを楽しむことができるのである。

例えば何家族かが集まってキャンプをする場合、ダッチオーブンは一つあれば十分である。たき火で時間をかけてじっくりとアウトドアクッキングを

ダッチオーブンだけでいろいろな料理が楽しめる。

グッズが増えれば楽しみ方も広がる。

楽しむのがダッチオーブンのよさである。労力と時間がかかる代物なので自分の家族だけで、何もかもやる場合は面倒だが、何家族かいればたき火担当、調理担当、ほかの食事担当など手分けすることができるし、ダッチオーブン一つでみんなとの会話もはずみ、仲間意識も高まっていくものである。

アウトドアの必需品ではないが、薫製をつくるスモーカーも仲間内のだれかが持っていると便利。ストーブの上で使うオーブンクッカーや圧力鍋、みんなで楽しめる大きめの本格的バーベキューセットなどもあれば楽しい。

ほかにもトイレ用、シャワールームなどにも使える更衣室用テントや大人数が入れる大きなタープ、流し台付きキッチンセット、温冷両方に使える大きめのポットやジャグ、アウトドア用冷蔵庫など、個人でそろえるには抵抗があるが、そういったグッズを仲間内で手分けしてそれぞれを所有し、皆で使えば気分はゴージャスである。

●近くに友人がいる場合

もし自宅近くに仲のよいアウトドア仲間がいて、キャンプに行く日程がほとんど重ならないのであれば、テーブルやストーブなどの必需品もシェアして持つことができる。例えばテントとテーブルはA家が保有し、タープとストーブはB家が保有するというようにすればコストは半分ですむ。

ただし、GWやお盆休みなどA家、B家両方がキャンプに行く時や、破損したときの修理、グッズの買い足しなどに関するいくつかの約束事は事前にきちんと取り決めをしておこう。また、どちらか一方の家族が遠方に引っ越してしまった時など、シェアが難しくなった場合の取り決めも事前にしておいた方がよいだろう。

温泉はアウトドアフィールドにあり

●温泉で興味を引く

友人家族とのアウトドアには女性が乗り気になるかどうかが大きなポイント。女性があまりアウトドアに行きたがらず、食わず嫌いであることはよくあるケースである。そんな場合、アウトドアを楽しもうと連れ出すには苦労するが、温泉に行こうと誘えば成功率は高くなる。基本的に日本人は温泉好きなのである。

しかしアウトドアが目的の場合は温泉旅館などに宿泊することはあまりお勧めしない。旅館の中に居ついてしまってはアウトドアには連れ出しにくくなるし、何よりも高くつく。温泉に行くとしても、日帰り温泉ツアーと称して出発すればいいのだ。

「渋滞を避ける」という名目で早めの時間に出発する。温泉地はアウトドアフィールドに近い場所にあることがほとんどである。早い時間から風呂に入っても仕方がないし、アウトドアで一汗かいてから温泉につかればとって

一汗かいた後は温泉でさらにリフレッシュ。

も気持ちのいいものである。それを口説き文句にハイキングやMTB、フィッシングやバーベキューに誘ってみれば、アウトドアに食わず嫌いの女性であっても、「ちょっとやってみようかしら……」という気になりやすい。

そのチャンスにあなたがしっかりサポートして楽しませてあげることができれば、「アウトドアって実は素敵じゃない!」と思いなおしてくれるかもしれないのだ。もちろんお題目の温泉は必須である。

●混浴では奥様をエスコート

せっかく奥様と一緒に出かけたのに男女別々に温泉に入ってしまってはつまらない。混浴があればあなたが奥様をしっかりとエスコートするチャンスである。

女性が混浴に入るのはかなりの勇気が必要であり、男性の視線が一番の抵抗となる。特に湯船につかるまでが女

女性へのちょっとした気づかいで気分よく温泉に入れる。

性が恥ずかしいと思うところなので、できればあなたがほかの男性との間に立ってあげるとか、大きなバスタオルや湯あみ着を手配してあげよう。

混浴がなければ家族風呂がいい。せっかく一緒に遊びに来ているのだから、家族が別々になってしまってはつまらない。共有できる時間を最大限に楽しむことが大切なのだ。

●秘湯を訪ねる

奥様がアウトドアに慣れたら、ちょっとワイルドな温泉ツアーにトライしてみよう。いわゆる秘湯を訪ねるのだが、辺ぴなところにある場合が多く、行き帰りはオフロードツーリングを楽しめるかもしれない。ＭＴＢがあれば途中からのアクセスに使うのもいいし、車で伴走しながら交代でＭＴＢに乗るのもいい。

秘湯は秘湯でも、車では行くことのできない、歩いてしかたどり着くことのできない山のいで湯に山歩きを兼ねて行くのも野趣あふれている。

世の中のほとんどの温泉が沸かし湯や循環ろ過湯、塩素殺菌しているお湯であるが、昔からある秘湯はたいがいが天然のお湯が源泉からわいている希少な温泉なのである。

●温泉の効果

女性が温泉に行く目的として、やはり肌がキレイになることを求めることが多い。特に肌が敏感な人以外は、純度100%の温泉で、「洗わない、流さない、ふかない」という3原則を守れば、成分が肌に残りやすく、効果がアップする。

もちろん源泉のお湯が最高の効果をもたらすことは言うまでもない。女性のお肌にいいのは、一般に「美人の湯」といわれているところだが、アルカリ性のお湯、できれば単純泉の方が体への負担は少なく、肌への効果をゆっくりとたっぷり吸収することができる。

アウトドアで体を動かし、美人の湯につかれば、美容と健康に最高である。この手でアウトドア食わず嫌いの奥様を口説いてみれば、きっと道は開けるはずだ!

■よい温泉の見分け方

ポイント	コメント
かけ流しの温泉	源泉から直接引いたお湯を循環させずにそのまま湯船に給湯している。ほとんどの温泉は循環させながら沸かし湯を使っている。
上から湯船に流れ落ちる温泉	循環式は湯船の下から給湯する規制があり、上から流れ落ちるお湯はかけ流しの証明である。
飲める温泉	飲んでよいとの表示があれば、源泉を直接引いている証拠。循環式を飲ませることはあり得ない。
お湯が洗い場側にあふれている温泉	循環式は沸かし湯の場合が多く、窓側からお湯をあふれさせて回収している。かけ流しは回収の必要なく洗い場側にあふれている。
床がヌルヌルしていない温泉	泉質でヌルヌルするのは湯船の中だけ。床がヌルヌルなのはきっちり清掃していない可能性が大きい。
循環湯かどうかの問い合わせに明確に答える温泉	ほとんどは循環式だが、清掃衛生管理を徹底していると明確に答えがあればOK。動揺したり不明確な回答の場合は不潔な場合がある。

Practice

海の幸ゴージャスバーベキュー

●食欲をアウトドアに結びつける

人間だれしも欲はある。しかしおいしいものを食べたいという欲求は概して女性の方が強く、欲求を満たすためならば多少の犠牲も惜しまない女性も多い。その欲求をうまくアウトドアに結びつければ、女性の攻略につながる。かといって、既にグルメで舌が肥えた女性をうならせるには、普通の家庭やレストランで食べられるメニューでは歯が立たない。

アウトドアでしか食べられない料理を豪快に楽しむことができれば、景色や開放感も相まって野趣あふれる雰囲気で新たな感動を与えることができるのである。

●魚介類の買い出し

そこでお勧めなのが、海の幸ゴージャスバーベキューである。これは食材の買い出しの段階から雰囲気と期待感を持たせることができる。

まず漁港の市場や魚河岸に行く。近所のスーパーとは違い、威勢のいい大声が飛び交い、水揚げされたばかりの新鮮な魚介類が、広い市場の中に所狭しと並べられている。その活気にますます食欲は刺激されるものである。アウトドア料理には骨の多い魚よりも、家庭では料理できないマグロやブリなどの大型魚のカマが向いている。

新鮮な海の幸を味わう。

もちろん、サザエやハマグリ、ホタテやエビなど何種類かの新鮮な食材を購入しよう。場所が場所だけに値段もリーズナブルである。ちなみに魚介類は臭いが強いので、クーラーボックスはなるべく使わず、発砲スチロールの箱を用意し、氷を入れておけばＯＫ。お店に頼めば、箱や氷は市場で分けてくれることもある。とにかくこの市場での買い出しは女性に喜んでもらえるはずだ。

●魚のカマを味わう

バーベキューの華である大型魚のカマは魚のどの部分よりも味がいい。20～40㎝近くもあろうかというカマを、炭火でゆっくりと焼いていく。熱の回りをよくするために、アルミホイルを一度しわくちゃにしてから、広げて大きく包み込むようにかぶせると、中まで柔らかく火が通る。好みによってしょうゆや塩を使ってもいいが、新鮮でよい素材のうまみを存分に味わうには、何もつけないのが一番である。

ただしあくまで強要はせず、好きなように食べてもらおう。友人家族と一緒の場合、一つの食材を皆で突っつくことに抵抗がある人もいる。そんな人もサザエやハマグリ、ホタテやエビなどなら舌鼓を打ってくれるはずだ。これらの小物も、ゆっくりと時間をかけてビールを飲みながら焼けば、中身まで柔らかにぷっくりと焼き上がり、貝の中にたまったスープは焼くほどにコクの深い格別の香りと味を醸し出してくれる。

この海の幸ゴージャスバーベキューは友人家族を含め人数が多いほど盛り上がる。一度やると必ず「またやろう」とお願いされること請け合いである。

Practice

落ち葉たきで焼きいもつくろう

●なぜ焼きいもはおいしいのか

焼きいもは家庭ではなかなかつくれない（蒸しいもやゆでいもではない）。スーパーでもなかなか売っていないし、レストランでもホクホクの焼きいもが食べられるわけではないのだ。石焼きいも屋さんが食べたい時にタイミングよく現れればいいがそううまくはいかない。

究極と思えるほどに流通が発達し、何でも手に入る便利な世の中にあって、みんなが大好きにもかかわらず、焼きいもは食べたい時に食べられないものである。焼きいもをつくって家族やご近所に振る舞えばアウトドア仲間を増やすチャンスにもなる。

焼きいもがなぜおいしいのかというと、加熱の段階でアルファデンプンという糖化されやすい成分が水分を飛ばしながらゆっくり蓄積されるからである。蒸しいもやゆでいもではこのアルファデンプンは蓄積されない。そして何よりできたてのホクホクを食べるからおいしいのである。

●落ち葉を集める

落ち葉たきの第一歩は何はともあれ落ち葉をかき集めることである。焼きいもをつくるには少なくとも焼きあが

焦がさないように火かげんを調節しよう。

るまでいもを十分におおい隠し、30～40分以上安定して燃え続けるだけの量の落ち葉が必要となる。目安は大きいゴミ袋にぎゅっと詰め込んで3、4袋、詰め込まなければ5、6袋である。

休日の朝に近くの公園や寺社の境内、街路樹のプロムナードなどにほうきとゴミ袋を持って自主的なクリーンキーパーのボランティアをしよう。ボランティアは気持ちのよいものだが、人から言われてするよりも自らの意志でする方が更に快感である。

落ち葉たきの方法

集めてきた落ち葉は富士山のような形に積み上げる。富士山が無理ならなだらかな山ぐらいでも構わない。山ろくの数カ所の落ち葉をかき分けて丸めた新聞紙や牛乳パックなどのたきつけをセット。それぞれ着火し、すぐに落ち葉を元の高さまでおおってしまう。火がつきにくければ、火バサミを使って空気を送り込もう。ただしうちわであおぐと葉が飛んでしまうので、呼気やフイゴで調整する。

食材はサツマイモに限らず、ニンニク、カボチャ、ジャガイモなど、甘くおいしく焼きあがる。食材を一度しわくちゃにしたアルミホイルで包み込み、落ち葉のたき火の山に埋めるのであるが、山頂の直下ではなく山腹に埋めるようにする。

たき火は炎が出ないように、また下火にならないよう火バサミを使ってかき混ぜながら調整する。炎が出ると食材が焦げてしまうのだ。

ニンニクなら20分程度、サツマイモやジャガイモは30～40分、カボチャなら40～60分程度でできあがる。柔らかめにしたい場合は、程度に合わせ更に15～30分焼けばいい。ただし火力を弱めにしないと焦げてしまい更には炭化してしまうのでトロ火でやろう。

どれを食べてもほっぺが落ちそうになるほどおいしいこと間違いなしだ。女性が寒さを言い訳に億劫になりだす晩秋にアウトドアに誘うには、落ち葉たきで郷愁を醸し出し、秋の食欲をそそる焼きいもづくりが最高の武器となるのである。ただし、たき火は場所によっては許可が必要なので、事前に確認しておこう。

Practice

皆をとりこにする魔法のスモーク料理

●バーベキューの素材をスモーク

バーベキュー料理も単純に焼いた肉にタレをつけて食べるだけでは、そのうちに飽きてくる。手軽で簡単、しかも女性に喜んでもらえるアウトドア料理としてのスモーク料理を覚えよう。

最も簡単なのがフタつきのバーベキューセットを使った熱薫料理。欧米ではバーベキューの途中や最後にスモークチップを炭の中に放り込んでフタをし、焼いている素材にスモークフレーバーをつけるのが一般的だ。購入するならぜひともフタつきのバーベキューセットがお勧めである。

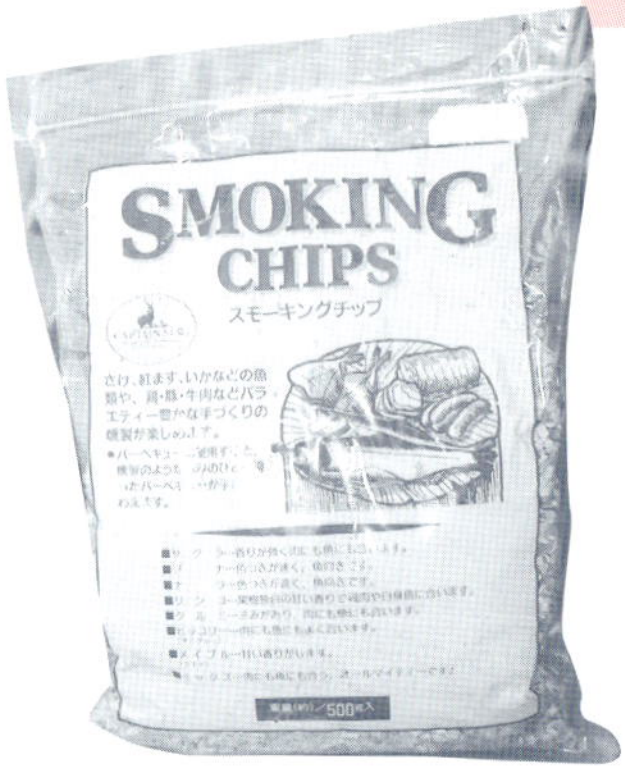

スモークチップで一味違った味わいに。

スモークフレーバーをつけるのはスペアリブやトリのもも肉、ブタのバラ肉などがよい。それらが7～8割程度焼けた状態で、20～30分水に浸したスモークチップを一握り炭の中に入れてフタをすると、煙がもうもうと出てくるが数分で煙が弱まってきてライトスモークのできあがりである。もう少しスモークしたい場合はスモークチップをもう一握り入れて繰り返せばよい。たったそれだけで今までのバーベキューとは一線を画したスモーク料理への扉を開いたことになる。

●薫製素材をスモーク

次はバーベキュー素材ではなく薫製素材をスモークする。手軽な薫製素材はチーズ、カマボコ、ハンペン、ソーセージ、タクアン、タラコなど。いつものバーベキューは量を軽めに抑え、残った炭を使ってスモークする。肉類も一緒にスモーク（フレーバーをつけ

手軽にできるスモークチーズ。

るだけではなく生から料理する）すればほかの素材と同様に新たなおいしさが楽しめる。

それぞれの素材をよく乾かし、バーベキュー網の上におく。そして水に浸した後のスモークチップを2～3握り炭の中に入れフタをする。10分程度で煙が弱くなったらまた2～3握り放り込みフタをする。一度に多くのチップを入れると煙のつき方にムラが出たり、フタの中が熱くなりすぎてチーズなどは溶け落ちてしまうので、時々チップを足すことで熱を逃がしマイルドで色つやよく仕上げることができる。

チーズやカマボコ、タラコで15～20分程度、ソーセージやハンペンは20～30分、タクアンや肉類は30～50分で完成である。特に女性にお勧めなのがスモークチーズ。できたてアツアツのスモークチーズを口にした時、必ず煙の魔法にかかってしまう。次からスモークチーズをエサにアウトドアに誘えば成功の確率が非常に高くなることを保証しよう。

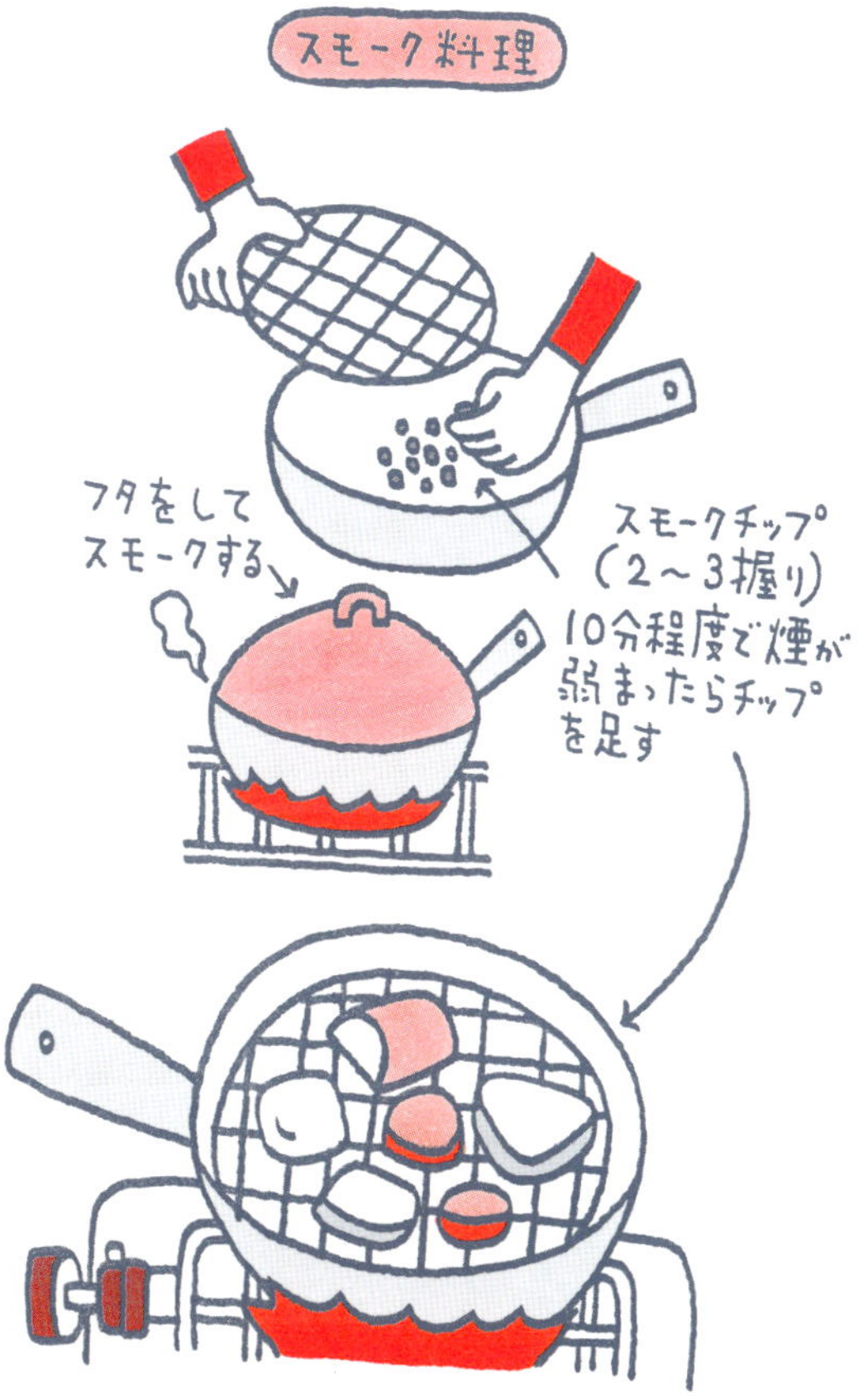
スモーク料理
フタをして
スモークする
スモークチップ
（2～3握り）
10分程度で煙が
弱まったらチップ
を足す

●スモークチップは食材に合わせる

スモークチップの種類もいろいろあるが、リンゴの木のチップはトリ肉や白身魚、ナラやブナのチップは魚介類などというようにそれぞれに適した食材がある。どんな食材にでも合うのはヒッコリー。サクラやクルミもヒッコリーと同様に万能である。

また、フタつきバーベキューセットがなくてもアウトドアショップやホームセンターで防災処理されたダンボール製のスモーカーを入手できるので、ぜひともトライしてみよう。

Practice

ダッチオーブンはアウトドアの定番

なべの上下両方から加熱する。

●アメリカのカウボーイが愛用

アウトドアでは何でもつくれる万能なダッチオーブンが便利。ダッチオーブンはもともとヨーロッパで使われていた鋳鉄製の鍋で、それをアメリカの開拓時代にオランダの商人が売り歩いていたことからこの名前がついた。

食材を放り込んで火にかけておくだけで、後は放っておいてもそれなりにおいしい料理が勝手にできあがる。そのためダッチオーブンは特にカウボーイたちに愛用されてきた。現代のサラリーマンに負けず劣らず多忙な彼らを支える便利な調理器具なのである。

●ダッチオーブンは万能調理器具

ダッチオーブンはとにかく重い。スタンダードな12インチタイプで8kgもあり、フタだけでも2kgだ。この鍋の厚みが高い畜熱力と熱伝導性を生み、熱を鍋全体にまんべんなく伝える。さらに重くて頑丈なフタが圧力鍋の効果を発揮しその密閉性で素材のうまみを閉じ込める。フタのふちは立っているので炭などをのせても転がり落ちず、上からも加熱できるのが特徴である。

焼く、煮る、蒸す、炒めるといった基本的な調理をこれ一つでやってのける万能調理器具なのである。

●メンテナンスにはご注意を

一方で鋳鉄のダッチオーブンは料理には万能だがメンテナンスにはやたらと手がかかる。新品を入手したらシーズニング（慣らし）をしよう。まずはクレンザーとスポンジでワックスを落とす。鋳型でつくられているので小さなバリ落としも必要なことがある。次に鉄臭さを消すためにネギ、ニンニク、ショウガなどを鍋全体に押し付けながら十分に炒める。最後に鍋の中も外も取っ手もすべてにオリーブオイルを塗りこんで、ようやく準備OK。

使った後も重たいので洗うのは結構大変である。すぐに洗わないとサビがでる。汁物の料理だと1〜2時間ほど放っておくだけでサビが浮き始めるほどである。洗剤できれいに洗った後はよく乾かし、また全面にくまなくオリーブオイルを塗ってから保管しなければならない。

しかしこの面倒くささがダッチオーブンの魅力でもある。長く使い込めば使い込むほどに鍋が黒光りし、多少メンテナンスをしなくとも錆びなくなってくる。鋳鉄の奥深くまでオイルがしみ込み黒いオイルのコーティングができていく。これがダッチオーブニスト憧れの「ブラックポット」である。ダッチオーブンには自分の鍋をこのブラックポットに仕上げていく楽しみがあるのだ。

最近ではお手軽なダッチオーブンが登場している。鋳鉄ではなく黒皮鉄板製のサビがほとんど出ないタイプ。鋳鉄製よりも値段は高いが、お手軽にダッチオーブン料理のみを楽しむのならこちらが便利だ。

いずれにせよ今やダッチオーブンの人気はかなりの勢いで高まっており、アウトドア料理の定番になりつつある。トレンドに敏感な女性に教えてあげれば、一緒にアウトドアを楽しむチャンスになるかもしれない。

シーズニングの手順
①ワックスを落とす
②クレンザーを洗い流す
③オリーブオイルを塗る
弱火
④外側もオリーブオイルを塗る
⑤ネギ・ニンニク・ショウガをオリーブオイルで炒める
フタにもオリーブオイルを塗りこむ

Practice

超簡単ダッチオーブン料理

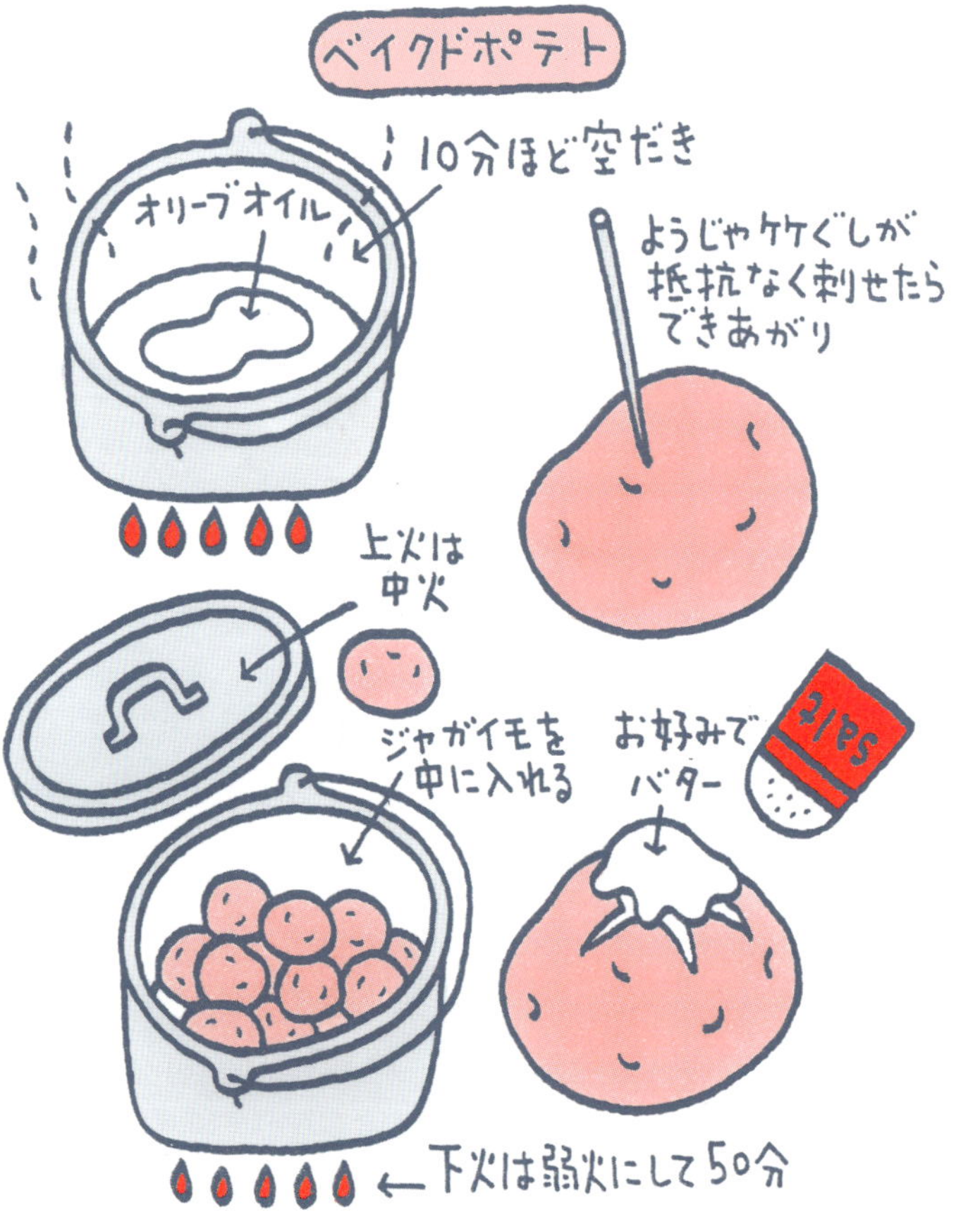
ベイクドポテト
10分ほど空だき
オリーブオイル
ようじやケケぐしが
抵抗なく刺せたら
できあがり
上火は
中火
ジャガイモを
中に入れる
お好みで
バター
SALT
下火は弱火にして50分

●野菜料理

ダッチオーブンはどんな手の込んだ料理でもたいていつくることができるが、普段料理をしない我々にとっては、その万能性を生かして簡単で、しかも皆に喜んでもらえる料理ができれば、それにこしたことはない。その点、野菜料理は簡単で初心者でも失敗が少ない。さっそくそんな料理をいくつか紹介してみよう。

◆ベイクドポテト

炭火の柔らかな火加減でホクホクしたベイクドポテトができる。レストランなどで出る料理とは明らかに違う、とっておきの料理でホクホクな気分にさせてみよう。

材料（4～5人分）
ジャガイモ　7～8個
バター　適量
オリーブオイル　適量
塩　少々

シンプルな調理でたまねぎの甘さを引き出す。

①ジャガイモの芽は取り除いておく。
②10分ほどダッチオーブンを空だきで熱しオリーブオイルを敷く。
③よく水洗いし、芽を取り除いたジャガイモを中に入れる。ジャガイモの量が多い場合でもフタさえできればいいので、無造作に重ねても構わない。
④下火は弱火（崩れた炭だけでもＯＫ）にして50分、上火は中火（炭のかたまりでグルッとふちを一周する程度）で50分熱する。
⑤ようじや竹串が抵抗なく入る柔らかさになればできあがり。
⑥ナイフでジャガイモに切れ目を入れてバターをのせる。溶け始めたら好みに応じて塩をふる。もちろん何もつけなくても素材のおいしさがダイレクトに楽しめる。

◆ローストオニオン

きっと「たまねぎってこんなに甘くておいしいの！」という言葉が聞けるであろう。信じられないほどのおいしさを簡単につくり出せるダッチオーブンのすごさを実感してほしい。

材料（4～5人分）

たまねぎ　6個
オリーブオイル　適量

①10分ほどダッチオーブンを熱しオリーブオイルを敷く。
②皮をむいただけのたまねぎを①に入れる。
③下火は弱火で60分、火にかけて20分後から上火を中火で40分熱する。
④ようじや竹ぐしで柔らかさを確認してできあがり。味付けは一切不要。

野菜のうまみを丸ごと味わう。

◆石焼野菜

石焼きいものおいしさがいろんな野菜で楽しめる。密封された空間の中でうまみが逃げず、石焼きの遠赤外線効果もあって、それぞれの素材に相乗的に凝縮される。いろんな素材がほのかに甘いうまみに満ちていることに、驚きを隠せないだろう。

材料

好みの野菜（サツマイモ、トウモロコシ、ニンニク、カボチャなど）

小石

①河原や浜辺で2～3cm程度の小石を集め水洗いしてダッチオーブンの底1cmほどに敷き詰める。小石はホームセンターの園芸品として購入も可能。

②野菜を適当な大きさに切って入れ、その上から野菜が軽く隠れる程度まで小石を入れる。

③下火は中火で60分、上火は中火またはフタの上に炭をほぼ一杯にする強火で60分熱する。

④ようじや竹串で柔らかさを確認してできあがり。味付けは一切不要である。

●肉料理

野菜料理でも十分満足してくれるだろうが、やはりメインディッシュに肉は欠かせない。野菜の次は肉料理で皆をとりこにしてしまおう。

◆ローストチキン

ダッチオーブン料理といえばローストチキンである。パリパリの香ばしい皮に包まれ、鶏のうまみエキスがとってもジューシーに凝縮されたふっくらとした鶏肉の柔らかな食感は、ダッチオーブン料理の喜びを十分に感じることができる。

簡単でありながら豪華なローストチキン。

材料・用具（4～5人分）

鶏　一羽（少し小さめのもの）

ニンニク（もしくはセロリ）　適量

塩・こしょう　少々

好みの野菜

丸網（なければセロリで代用）

①鶏を水で洗って水分を十分にふき取り、適度に塩、こしょうをふりかける。

②鶏の臭みをとるため、お腹に皮をむいたニンニクを詰め込む。面倒ならばダッチオーブンの底にセロリを敷くとよい。

③プレヒートしたダッチオーブンにオイルを敷いて鶏を入れる。焦げ付き防止のため下に底上げの網を敷くとよいが、セロリを敷けばそれでOK。

④下火は弱火で60～70分、上火を中火で60～70分熱する。火にかけて20分程度したらニンジンやタマネギ、ジャガイモ、トウモロコシなどを適当に切って入れれば、ロースト野菜も楽しめるだけでなく、火の回りがよりマイルドになり、野菜のうまみが混ざって互いにおいしさがアップする。

⑤鶏の皮がこんがりとキツネ色に焼きあがれば完成、豪快にかぶりつこう。

◆スペアリブのコーラ煮

肉料理は少し手がかかるが、この料理なら超簡単、初めてでもほとんど失敗せずにおいしくつくることができる。火加減にもあまり神経質にならなくてもいいし、万が一煮込みすぎてもトロトロに柔らかくなっていくだけで焦げ付く心配もない。だれでもできるお勧め料理である。

Practice

材料（4〜5人分）
スペアリブ（骨付き豚バラ肉）300g
コーラ　250〜300cc
しょうゆ　100〜200cc
炭酸水　適量
塩・こしょう
砂糖（好みで）

①スペアリブに軽く塩・こしょうをふっておく。
②スペアリブをダッチオーブンの底に敷き詰める。
③コーラとしょうゆをダッチオーブンに入れ、スペアリブが完全に浸るようにする。これで味付けは十分だが、更にマイルドな味を求めるならば炭酸水を加えたり適度に砂糖を入れたりすればよい。炭酸水は肉を柔らかくする効果がある。
④下火は最初は中火で20分、更に弱火で15分、上火は中火で20分だがなくても可能。コーラとしょうゆのスープが蒸発して少なくならない間は上下ともに強火でもOK。
⑤コーラとしょうゆがトロトロの状態になればできあがり。更にそのままトロ火で煮込みながらつっついていけばますますおいしくなっていく。肉の臭みをとるために、長ネギやショウガを一緒に入れてもよい。

スペアリブとコーラの相性はなかなかのものである。

楽しい食事にいつの間にか時間が流れる。

●デザート

◆焼きリンゴ

奥様に喜んでいただく仕上げはデザ

ートである。万能なダッチオーブンならケーキでもパンでもつくることができるが、超簡単というわけにはいかない。意外性のあるデザートで、なおかつ簡単、手軽につくれるのがこの焼きリンゴなのだ。

材料（4～5人分）
リンゴ　4～5個
ラム酒　適量
砂糖　適量
シナモン・パウダー　少々
バニラアイスクリーム　適量
アルミホイル　適量

リンゴの甘さとシナモンの香りがたまらない。

①リンゴはやや固めのものを選び、ちょっと酸味の強い紅玉などを準備し、きれいに洗っておく。
②アルミホイルを多めにとって一度しわくちゃにしてからダッチオーブンの中に敷く。その際壁面もカバーするようにしよう。
③リンゴはそのままでも十分おいしくできあがるが、芯をくりぬきラム酒と砂糖またはシナモン・パウダーなどを入れる。リンゴを一つずつアルミホイルで包む。
④下火は弱火で30分、上火を中火で30分焼く。焦げ付きやすいので火加減は心持ち弱めにすれば失敗しない。

　できあがったアツアツの焼きリンゴは果実の持つ甘味が最大限に凝縮されて引き出されている。バニラアイスクリームをのせれば温と冷の2種類の甘味が口の中で溶け合う新たな世界を体感できる。

Practice

ホタルが戻りつつある

●ホタルの美しさ

ホタルは清流の水辺にしか生息できないが、最近は郊外にも生息する場所が増え、個体数も増えつつあるらしい。一時は絶滅がささやかれたホタルだが、田んぼに使われる農薬も環境に配慮したものが使われるようになり、郊外の里山に行けば意外と簡単に見つけることができるようになってきた。水のきれいな小川がある場所まで少し足を伸ばして、ぜひホタルを見てほしい。ホタルの幻想的な姿を見れば家族も喜ぶこと間違いなしである。

また、自治体や企業などがホタルを飼育・繁殖して公開しているところが増えつつある。首都圏ならば多摩丘陵の東京サマーランド、福生市のほたる公園、南房総のロマンの森共和国など、関西なら高槻の摂津峡、奈良県生駒市の竜田川浄化センター、中部圏ならばゲンジボタルの自然繁殖で最大級の群生地が長野県辰野の松尾峡にあり数千匹の乱舞が見られるという。

都心でもホテルの中庭や公園などで飼育している所がある。東京なら千代田区のホテルニューオータニや文京区の椿山荘、大阪なら京橋の太閤園などである。自然とのふれあいでアウトドアへのきっかけをつかむためにもまず

は近場で家族とホタルを見に行き、次回は飼育ものではない天然のホタルを見に行こうと誘えばその気になる確率は高くなるはずだ。

●ホタルの発光時期

ホタルが発光する時期は、種類にもよるがだいたい6月〜8月下旬、時間帯は星が瞬きだしてから1〜2時間程度で、午後9時以降はあまり発光しない。天気は日中は曇りか晴れで月明かりが少なく風のない蒸し暑い夜がホタル鑑賞の一番よい条件である。雨や寒い夜はホタルはほとんど飛ばない。

日本には約30種類ものホタルが生息しているが、発光するのはその3分の1程度。見つけやすいのがゲンジボタルである。これは幼虫、さなぎともに光る。成虫になると水しか飲まずに光り続ける。まるで安い給料で働き続けるサラリーマンのようであり、変な共感を覚えてしまう。

●なぜホタルは光るのか

ホタルが光るのは求愛行動である。オスは昼間は木の葉陰に潜んでいてメスは地面の草むらにいる。夜の帳が下りるとオスが木陰から草むらのメスを求めて明るく輝きながら舞い降りてくる。メスは草に留まりながら上品にオスに答えるべく光を発する。このホタルのゆらめく光には周りの風流な環境も相まって癒しの効果があるという。

一つの個体を観察していると、強く光ったり弱く光ったりしているが、規則正しく点滅していることが分かる。オスのリズムに合わせてメスが同じリズムでちょっと遅れて光る。

ペンライトなどの弱い光を利用して、オスのリズムに合わせ点滅させれば、ホタルを呼び寄せることができる。人間の女性を呼び寄せるのが苦手なあなたもホタルなら求愛に応じてくれるかもしれない。

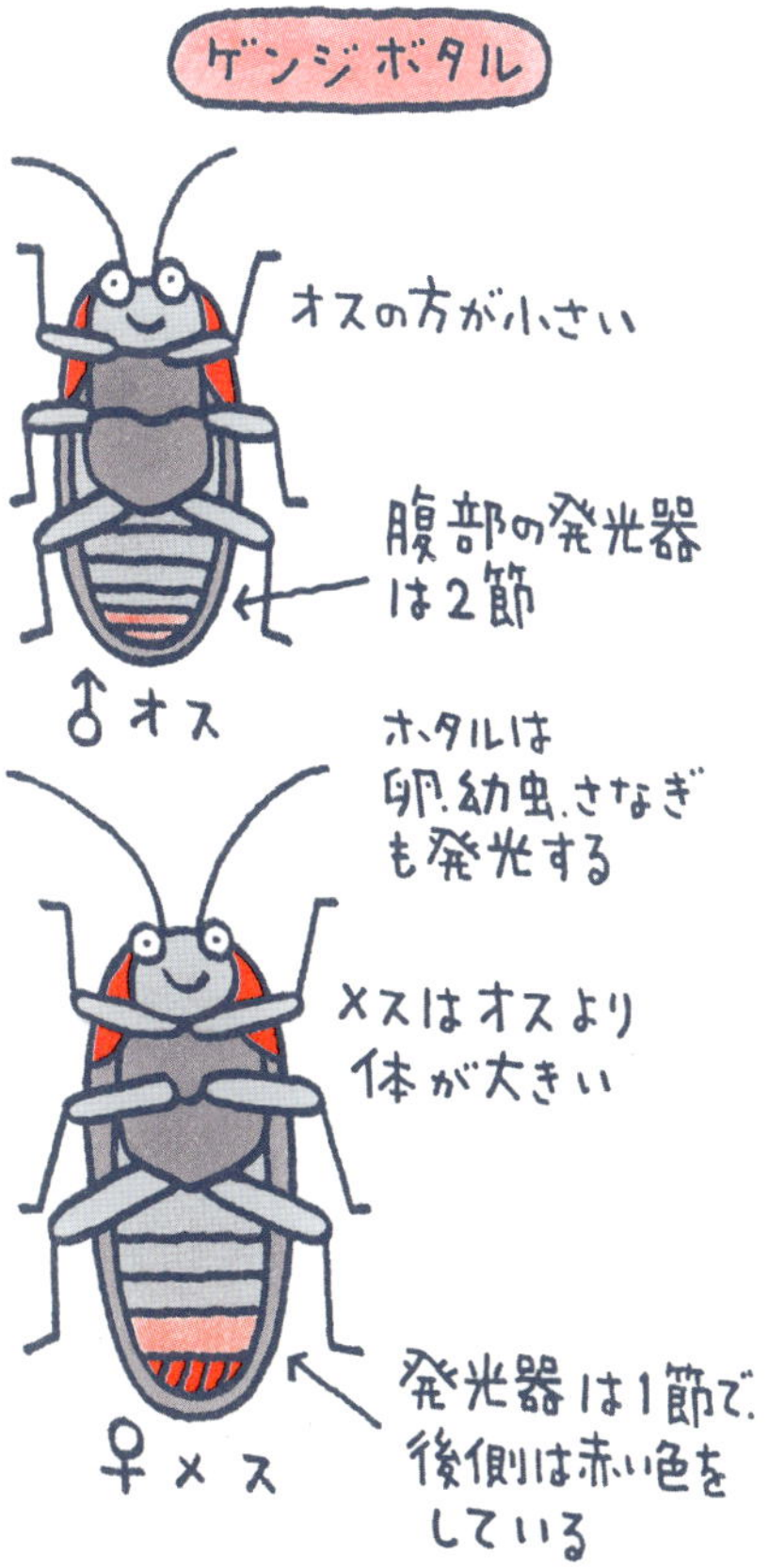
ゲンジボタル
オスの方が小さい
腹部の発光器
は2節
♂オス
ホタルは
卵、幼虫、さなぎ
も発光する
メスはオスより
体が大きい
発光器は1節で、
後側は赤い色を
している
♀メス

Practice

花や動物との出会いを演出

●感動をプレゼントする

女性を口説くときのオーソドックスな手法は花のプレゼント。一緒にアウトドアに出かけたいのなら花屋には売っていない、高原や高山で自生している花をプレゼントできればグッとアウトドアに興味を示すかもしれない。もちろん自生している植物を採取するのではなく（絶対厳禁！）、花が咲いている場所まで一緒に行き、その可憐な美しさへの感動をプレゼントするのだ。

ただ「きれいだね」と見ているよりもその花についていろいろと説明をしてあげれば、感動も膨らむ。なぜ花屋には売っていないのか、栽培のできない理由、どういった自然環境の中で咲く花なのか、何科に属するどういう特性を持った花なのかを順序よく説明し、希少価値を訴えよう。女性は希少価値に弱いのである。更には保護しなければならない背景も説明できればあなたの株も花咲くであろう。

●野山に咲く花を理解する

特に高山植物は希少価値が高い。例えばコマクサの名前は知っていても実際に見たことのある人は非常に少ない。シャクナゲもよく聞く名前だが、具体的にどんな花がどのように咲いて

8月に高原の草地に生えるコオニユリ。

いるのかといえばほとんど知られていないのが実態である。歩いてしか見に行けない自生している植物に出会って得られた感動は女性同士の間でのちょっとした話題になる。我々が思う以上に女性の花に対する思い入れは大きいのだ。

何はともあれあなた自身が野山に咲く花を理解することが先決である。家族とアウトドアに出かける際、ポケット図鑑を忍ばせておいて、フィールドで花を見つけた際にも説明できるようにしておきたい。

●野生動物との出会い

野生動物との出会いは難しい。しかしその分出会えた時の感動はとても大きく、大人も子供も気持ちが高ぶるものである。一番出会う可能性が高いのはサルである。首都圏なら例えば日光いろは坂、関西なら比叡山や箕生山を車でドライブしていればちょくちょく見かける。皆が感激して止まるものだからサル渋滞まで発生している。それだけだれもが野生動物に興味がある証拠なのだ。

シカやキツネ、イタチなど人間にエサを求めて、人前に現れることのない野生動物と出会うには知識が必要となる。歩いている時よりも実は車の運転中に出会うことの方が多い。それは夕暮れから夜にかけた時間帯に出会いやすいことや、車の方が動物の住んでいる地域を短時間で広く移動できることによる。

心安らぐ美しい花々。

もちろん国道や県道のような交通量のわりと多い道ではなく、林道や山奥深い車道で、めったに車が通らないような道である。そんな道は野生動物の生息域を貫いていることが多く、早朝や夕方にいきなり出会うことがある。

シカやキツネは夜行性でもあり、日が暮れた後の方がかえって見つけやすい。車のヘッドライトに目がくらんで、しばらくその場に立ちすくんでしまう習性があるのだ。また大きめの懐中電灯で回りを照らしながら進めば暗闇の中で懐中電灯の光に反射するものが見つかる。野生動物の目が光っているのである。

●野生動物の痕跡を見つける

野生動物そのものに出会わなくても痕跡を見つけることができれば、野生に触れた気分になり、ちょっとした喜びを味わえる。シカが食べた木の皮の跡や動物のふん、足跡などを見つけた時である。それが何であるかはやはり図鑑がないと分からないかもしれないが、人間に飼われてはいない、野生動物の痕跡である事実が奥様子供にちょっとした感動を与えるのである。

　痕跡を見つけやすいのは冬の雪原である。XCスキーなんかではよくウサギやイタチなどの足跡を見つけることができるので、雪面に注意しながら楽しめばチャンスは増える。

■花屋では見られないアウトドアの花

カタクリ

地下の鱗茎が片栗粉の原料。希少植物ゆえ現在はジャガイモ等で代用。

自生地：高原の草地、林間
花期：3～5月

ミズバショウ

高層湿原で見つけやすく、女性に人気。

自生地：高原の湿地
花期：5～7月

シャクナゲ

高さ1～3mの常緑の低木に、いくつもの花が球状にまとまって咲く。

自生地：亜高山帯のハイマツ林の周辺
花期：5～6月

イワカガミ

高さ10～20cmでピンクの花穂を数個以上つけ、とても可憐。

自生地：亜高山帯の草地、砂礫地
花期：4～7月

ヤナギラン

高さ1～1.5ｍで花穂は20～40cmと上下に幅広く咲く。

自生地：高原の草地
花期：7～8月

コマクサ

高山植物の女王。非常に希少で出会えればラッキー。

自生地：高山帯の砂礫地
花期：7～8月

チシマギキョウ

青紫の花冠が袋状にうつむき加減に咲く。

自生地：高山帯の砂礫地
花期：7～8月

マツムシソウ

清楚な薄紫色の花。和名の由来はマツムシ（今のスズムシ）の鳴くところに咲くためなど諸説ある。

自生地：高原の日当たりのよい草地
花期：8～10月

ヤマトリカブト

根には猛毒があって有名だが、青紫で数個が連なるかぶと状の花が美しい。

自生地：山地や丘陵地の林縁や林内
花期：8～10月

シラタマノキ（実）

高さ10cm程の常緑小低木の木の実。白い球形の果実をつぶすとサロメチールのにおいがする。

自生地：亜高山帯の林縁や草地
花期：6～7月

アウトドア仲間を増やそう

Theory

●仲間を見つける

友人家族と一緒のアウトドアは、持ち物をシェアできるだけでなくさまざまなメリットがある。子供同士で遊ばせたり、親同士が交代で子供の面倒を見たりできるので、大人のアウトドアを楽しむ時間が持ちやすい。車が複数台になれば遊びの機動力や渋滞対策にも役立つ。子供の教育やアウトドアのスキルの向上にもお互いによい影響が期待できるし、楽しみも倍増する。仲間を増やして楽しみをどんどん膨らませようではないか。

しかしうまく仲間が見つからないこともある。そんな場合はアウトドアスクールに参加してみよう。インターネットで「アウトドアスクール」や「親子でアウトドア」などの言葉で検索してみれば、多くのサイトにヒットする。キャンプやMTB、カヌーや山歩きなどのスクールが、地方自治体や事業体で主催されている。公営なら値段も高くないし、グッズもほとんどの場合レンタルすることができるので事前に確認しておこう。

初心者や家族・親子がたくさん参加しているので気楽だし、仲間ができやすい。気が合えば「また次回もご一緒に」というチャンスもある。

●インターネットで仲間探し

インターネットでの仲間探しも便利である。世の中には仲間を募っている人やグループもたくさんある。インターネットの検索サイトで探せば、多くのサイトが見つかる。気に入ったサイトを見て、仲間に入れそうなグループや団体があればコンタクトしてみよう。そういったホームページには書き込みができるページがあるので、そこに希望を書き込んでおけばいい。3、4日後にはたいがい何かレスポンスがあるものだ。10日経っても反応がなければ、ほかのグループのサイトに書き込んでいけばいい。数打てばよい感触の返答が必ずある。

ホームページの書き込みを見ていると、グループの性格や活動内容、アウトドアの経験やスキルなどが少しずつ見えてくる。更に書き込みでコミュニケーションを深めれば、新参者に対する応対や受け入れ姿勢も分かってくる。MLのあるグループなら、それに参加してみてはどうだろう。グループの人々の交流の深さや仲のよさが分かってくる。

ここでアウトドアフリークにはたまらない興味深い話がたくさん聞ける、ユニークなグループを紹介したい。

アウトドアを楽しもう！
イベントに参加してみよう

ＪＡＣＣ（日本アドベンチャーサイクリストクラブ）というヒマラヤやサハラ砂漠、アマゾンから厳冬のシベリア、北極、南極までさまざまな冒険をしている猛者の集まりである。一般のサラリーマンや女性もメンバーになっていて新参者にも広く門戸を開いている。毎月のミーティングや飲み会のほか、キャンプやＸＣスキー、サイクリングなどのアウトドアを皆で楽しむフランクなクラブなので、ホームページを見て集まりに参加してみてはいかがだろうか。アウトドアを楽しみながら極地の体験談が聞けて、新たな世界を感じることができるグループだ（http://www.pedalian.net）。

●イベントに参加する

グループの概略や雰囲気がつかめたら、彼らの主催するイベントに参加してみよう。事前に書き込みやＭＬに積極的に投稿していれば、仲間の輪に入っていきやすいし、打ち解けやすい。

イベントに参加してみて仲良くなれそうだったら、次回から積極的に参加すればいい。常連になればなるほど楽しさも膨らんでいき、仲間も増え、家族付き合いへの可能性も広がる。

アウトドアを楽しんでいる人たちはたくさんいるのである。自分と気の合う仲間たちがきっと見つかるはずだ。共通の趣味を持つ友人や友人家族が増えていくのは人生の宝物が増えていくことなのだ。

Theory

業界別アウトドア人間の傾向

●アウトドアで人脈を広げる

いろいろな友人、知人を誘うにしても、インターネットで仲間を見つけるにしても、その人（たち）とは少なくとも半日または一日以上行動を共にすることとなる。休憩や食事の時、特にアクセスの時間はアウトドアに限らずいろんなことを話すいい機会であり、相手を知る、そして自分とは違った仕事、業界、職業の世界を教えてもらえるよいチャンスなのである。自分の会社と家庭にほとんどすべての時間を牛耳られているサラリーマンにとって、外の世界を知り、視野を広げることはきっとプラスになるはずだ。

人脈を広げ、深めることはあなたのサラリーマン人生にも役立つかもしれない。

●業界別の傾向を知る

やはり業界によって人々の性格にも典型的なカラーというものがある。だいたいこの業界の人はアウトドアではこのような振る舞いをするのだといった概念的な感覚があれば、人間関係もうまくいきやすいし、更に業界別人間ウォッチングが楽しめる。

以下に小生の交友範囲中での主観と偏見に満ちた業界別アウトドアマンの横顔を紹介してみよう。

◆金融業界

とにかく金勘定がしっかりしている。辛口にいえば細かくてセコイ！特に都銀や保険に就職しようという人は高い給料が目的の一つ（実際高い！）であり、学生時代の成績が内定を左右するから点取り虫が多い。

アウトドアで交通費などの費用を割り勘したり精算したりする場合には、お任せした方が無難。

◆メーカー

こちらは金勘定にはアバウト。物づくりに情熱を捧げる人が多いので、アウトドアでも何かと手づくりの小物やギアをもってきたり、フィールドでつくるのが得意。自転車などのアウトド

アギアのメカにも詳しいが、こだわりが強いため何かと時間を取られることがある。

◆商社・流通業界

いろんなことに細部までよく気が利く人が多い。さすがお客様相手の商売である。自分を売り込むのが得意で、アウトドアで名刺を配るのはまずはこの業界の人。休日が土日でない人も多く、友人との交流の機会を大切にする傾向があるが、仕事人間が多いのも事実だ。

◆公務員

人のいい人間が多いが、アウトドアでは働かない。自分が何もしなくても周りがやってくれて当たり前、という感覚がある。最初に酒が飲みたいと言い出すのも、食事に手をつけるのもこの人たち。ただしあまり文句は言わないので、数をそろえるにはいい。

◆自営業

アウトドアによく顔を出す人は商売がうまくいっている場合が多いので気前がよい。新しもの好きで、毎回何か新製品を持ってきて自慢したがる。

ただ中にはお山の大将になりたがり、気に入らないことがあればすねることもある。

Theory

女性を理解する、それが基本

●女性の理解と協力が必須

友人、家族とのアウトドアを実現するにはお互いの家族の理解と協力が必須条件である。

女性を完璧に理解するのは、もはや不可能だと思っている男性も多いことだろう。だからといってあきらめてしまわずに、理解する努力が必要であり、努力をしていれば女性を敵に回すリスクも小さくなる。

●女性の体を理解する

まず、女性は肉体的に筋力は男性のほぼ6割しかない。当然力仕事は男性がした方が効率がよいということだ。

一方、皮下脂肪は男性よりもずっと多く、いざという時、寒さやサバイバルには強い。

しかし、脂肪の多い部分は末梢の毛細血管が発達しにくいため、冷え性の女性が多く、寒さが苦手という、相反する肉体的特性がある。

特に手足やおしりは冷たくなるので、気を配って冷えすぎないよう注意してあげよう。

◆生理

女性にとって生理は長年に渡って付き合っていかなければならないものである。男性は経験できないが、きっちり理解する義務のある大切なことだ。

生理中は一般に女性はイライラしやすく、腹痛、頭痛、腰痛、貧血などを起こしやすい。外出するにも荷物は増えるし、常にトイレを気にすることとなる。何かと気持ちのバランスが不安定になる傾向があることをよく頭に入れておこう。もちろん女性の個人差はあるが、アウトドアどころか寝込んでしまう場合もあるのである。

生理の1〜3日前から4〜7日後までの期間はそのようなリスクがあるが、個人差も大きいようだ。運動生理学的にいえば生理直前が深刻であり、次いで生理中である。逆に終わった後

は最も調子がよくなるという。

生理の症状という観点からすると、一番重いのは2日目前後が多いようである。なるべくなら生理中のアウトドアは避けるべきである。

いずれにせよ個人差があるので、奥様の生理について理解すべく努力をしよう。面と向かって聞くのは嫌がられるリスクがあるので、できるだけ優しい言葉で慰めながら、何気ない会話やしぐさの中から状況を推察することが求められる。

ちょっとセンシティブだが、毎月のことであり、何度も観察していれば分かってくるはずだ。とにかく鉄則は、女性が生理の前後はアウトドアには誘わない方が無難である。

◆更年期障害

更年期障害は、閉経前後において女性ホルモンが減少することを主な原因とするさまざまな障害のことで、だいたい40歳代以降に発症する。

すべての女性がなるわけではないが、通常の生理よりも不定期で、症状も人により多岐にわたっており、場合によっては入院することもある。

しかしこれも精神的な部分の影響もあり、奥様がアウトドアを一緒に楽しみ、いつも自然との対峙を心待ちにするように夢を持たせてあげれば、きっとよい方向に向かうはずである。

実際、更年期障害の女性がアウトドアの楽しみによって回復した例が小生の知り合いにもいる。これを克服すれば、更にイキイキとアウトドアを楽しむ人が増えるのではないだろうか。

Theory

女性への気づかいが大切

●アウトドアへの抵抗感を減らす

男女の肉体的、生理的な違いは医学的には理解することができる。しかしそれは最も基礎的なことである。概して世の中の一般的な女性はアウトドアが苦手である場合が多い。アウトドア好きな女性もたくさんいるが、本音は肌が日に焼ける、化粧が落ちる、不潔っぽい、虫が多くて気持ち悪い、寒い、トイレに苦労するなど、ネガティブなイメージを持っている。

最近は女性雑誌でもアウトドアをとりあげることも増え、ちょっとしたブームになることもあるが、実態はまだまだ世間一般の女性にとってはマイナーであり、男性が上手に誘って連れ出さないとブームもしぼんでしまう。

自主的に女性がアウトドアに出かけることは中高年の登山を除けば、多くはない。女性はやはり男性にエスコートされて、自分を連れて行ってほしいと願うのである。地図を見てプランニングしたり、アウトドアグッズの使い方を習得したりなどの技術的なことは避けたがる傾向もあるので、そういったことはしっかりと夫が対応してあげれば、女性のアウトドアへの垣根も低くなるだろう。

●着替え対策

奥様とアウトドアを楽しむのに夫が

意外と気がつかないのが、着替えの対策。どんな女性でも人前で着替えることに抵抗がある。宿泊キャンプの場合はテントを張ってしまえばその中で対応できるが、それ以外の場合にはそうもいかない。更衣室があれば問題はないが、フィールドにはそんなに都合よく更衣室があるわけではない。車の中でサンシェードやスモークガラスで目隠しをすることもできるが、完全ではない。できればカーテンなどで外からの視線を完全にシャットアウトできるようにしておきたい。

また、アウトドアショップには女性が着替えるためのマントを売っている。それをすっぽりかぶり、首だけ出して中で着替えるのである。こういったものを準備してあげて、更に視線をカットしてあげる工夫をすれば女性も安心である。

●トイレ対策

もう一つ、トイレも女性の悩みの種である。アウトドアフィールドに着く前にトイレ休憩を必ずとろう。

また、行動を起こす前には水分を多く取らせないような気配りも必要である。プランニングする際に、どこにトイレがあるのかをできるだけおさえておいて、事前に教えてあげればさらに安心できる。

最悪の場合「お花摘み」になってしまう。「お花摘み」とは女性がアウトドアで用を足すことであるが、その場合も大きな傘を渡すなどして配慮してあげよう。

いずれにせよ、女心は天候予測よりも難しいのは事実である。ただ天候と違って、あなたの努力次第では女性の気持ちを理解することも可能なのだ。

水分の取り方には注意が必要。

Theory

女性のアウトドア仲間を増やす

●女性一人にならないようにする

一般的に女性は、夫や彼氏にアウトドアに連れて行ってもらう時に、その仲間内で女性が一人だけでは本音の部分では何かと不安になるものである。

特に初めてのキャンプならば、トイレはきれいか、虫はいないか、寒くないか、夜は眠れるだろうかなど、男性には相談しにくい悩みも含め、不安の種はつきない。女性がアウトドアに出かける際、ほかの女性が参加していれば事前に相談できるし、何かと心強くなる。更に友人家族とならば安心する部分は大きいようだ。

アウトドアにおいて女性が一人の場合に困るのは、自分以外は皆男性、しかも知らない人ばかりで、夫や彼氏は友人たちと盛り上がり、一人蚊帳の外、あるいは一人で子供の面倒を見ている、という状況なのである。

●女性の知り合いを誘う

しかしだれでもいいわけではない。女性にとってのアウトドア仲間の条件は、女性同士で気が合うかどうかが最重要。アウトドア経験の有無は二の次なのである。

最近のアウトドアブームが追い風となり、アクティブな女性は増えている。子供の学校や幼稚園の友達家族、学生時代や昔の職場の友達、ご近所や親戚の家族などを探せば、同じ境遇の奥様は結構いるものである。あなたからも誘ってみるよう提案してみよう。

また、あなたが普段から近所や親戚、子供の学校などの行事に積極的に参加していると、家族ぐるみで付き合う機会は増えるから、あなたからも誘いやすい。奥様の友人とも仲良くなっておけば、誘った時に相手も参加しやすくなる。やはり普段からの心がけが大事なのである。

●初心者には気配りが大事

最初はデイキャンプやバーベキューなどから始めよう。この人たちとだったら一緒に楽しく行けそうだと思ったら、宿泊を伴うアウトドアにステップアップしていくのがよい。お互い気心が十分に知れないままに、いきなり宿泊キャンプなどに行くと、それぞれの常識の違いから気まずいことにもなり兼ねないからである。

言うまでもなく、初参加の女性には何かと気配りが必要である。あなたが気配りをしないと、奥様が誘った手前、相手に対して申し訳ない気持ちになったりする。

基本的に初心者の女性はアウトドアで何をしたらいいのかよく分からない。何かできる仕事を与えてあげる方が相手も気が楽というものだ。「〇〇の場所を確認しようか」「洗い物一緒にしてくれる?」「肉をひっくり返して」など、相手の状況を見ながら言葉をかけるのが気配りであり、奥様方にも普段以上に気を使ってあげるべきである。特に最初が肝心なのだ。

●複数家族で手分けする

一緒に楽しめる家族ができれば、何かとメリットも生まれる。自分の家族だけでキャンプに行くと、設営、料理、洗い物、子供の世話など仕事が多く、負担も大きいが、複数家族だと何かと手分けができる。

奥様同士も気が楽になり、お酒もおしゃべりもより盛り上がる。女性にとって女性の仲間がいることは精神的にも楽であり、楽しみが広がるのである。

Theory

紫外線から女性をガードせよ

●紫外線から身を守る

ＴＶ番組や雑誌などで紫外線（ＵＶ）の有害性をとりあげることが多くなっている。女性だけでなく男性も日焼けには十分注意が必要なことはすでにご存知だろう。紫外線は皮膚の細胞を傷つけ、シワやシミをつくり、皮膚の老化を早めるだけでなく皮膚ガンの原因にもなるのである。

　言うまでもなく、お肌の美しさの確保に日々努力を怠らない女性にとって、アウトドアはお肌の危険地帯。やはり女性をアウトドアに誘うにはそのあたりを理解して、十分な配慮をする必要があるだろう。

　まずはＵＶケア商品として、ツバ広の帽子、サングラス、日傘または普通の大きな傘、リップクリームなど、すべてＵＶケアが施されたものがある。最近ではシャツやバンダナもＵＶカット商品があるし、首筋をガードするネックケープハットも女性用のアウトドア用品として人気があるのでお勧めである。キャンプならばとにかくタープを早くたてて、その下に女性を入れてあげる。それまでは傘を渡して日よけに使ってもらえばいい。

　一方、我々男性も紫外線のことをよく理解しておく必要がある。真っ黒に日焼けした男がモテたのは過去のこと。時代遅れのレッテルを貼られるだ

けならいいが、本当に健康を害することになるので注意が必要だ。

●紫外線の種類

紫外線にはUVA、UVB、UVCの3種類がある。皮膚の奥深くまで入り込み細胞を破壊する危険なUVCはオゾン層で吸収されるから現在の日本では大丈夫である。UVBは表皮細胞の遺伝子DNAを傷つけ、メラニン色素を増加させ、皮膚を中から黒くしていく中波長のUVで結構危ない。UVAは長波長のUVで、短時間で肌を赤く焼き、ひどい場合には水ぶくれやただれを起こすので要注意である。

●紫外線対策

紫外線の量は春先から増え始め、GWから5月下旬にかけてが1年で最も多い。ちょうどアウトドアに出かけたくなる時期であり、まだ肌も下焼けができていないナイーブな時期でもあるので、UV対策は万全を期す必要がある。

日焼け止めは2種類の表記方法で大別される。まずUVBに対する防止効果をはかるのがサンケア指数の「SPF値」。数値が高くなるほど防止効果は高いが、その分、肌への刺激も強くかぶれやすくなるので、腕などで試してから使おう。

もう一つがUVA防止効果の「PA分類」である。これは＋の数で表され、PA＋＋などと表記されている。もちろん＋の数が多いほど効果は高いということだ。

いずれにせよ、女性にとってお肌の手入れはアウトドアでも怠ることはできない大切なことだ。十分理解し、汗で日焼け止めクリームやファンデーションが流れているようなら、化粧直しの時間をとるよう配慮しよう。もちろん男性も日焼け止めをしっかりするにこしたことはない。女性は肌の手入れはもちろんのこと、男性からのこまめな配慮も求めているのである。

子供のうちから紫外線対策は必要。

Theory

虫対策は万全に

●虫よけの方法

着衣式虫よけ。

アウトドアにおける虫対策は重要である。昔からあるオーソドックスな虫よけ方法は蚊取り線香。多少煙たいのが難点だが効果は高く、テントの中やテーブルの周りなどでふんだんに使うと虫は寄ってこない。

火や煙を使わないタイプもある。携帯用電池式虫除けはファンが回転して薬剤を広範囲に拡散し虫を寄せ付けない優れもの。電池式で虫が嫌がる周波数の音を発生させるタイプもある。その音は人間にはほとんど気にならず、携帯式で腰などに着けられるので、一人一つ着けても煙も臭いもなくなんら不快さはないお勧めの一品だ。

虫よけスプレーも効果は高く、一番手軽だが、持続性にも限りがあり、風呂上りなどには使いたくないこともある。香水を使う女性は多いが、アウトドアではいい香りに虫が寄ってくる。特に柑橘系の香りには虫が集まりやすいので要注意だ。

最近では防蚊ウェアが登場している。天然ヒノキオイルや特殊な植物性薬品を染み込ませたシャツやパンツ、バンダナなどがあり、ガーデニングショップや釣具ショップなどで入手できる。アイテムも増え女性用のファッショナブルなものも多くなってきているので、虫嫌いの女性にプレゼントするのもアウトドアへの誘いとなる。

雰囲気づくりにも役立つのが虫よけ用のキャンドル。キャンドルの揺れる光を見ながらお酒でも飲めばムード満点である。

●ガの対策

ガも明かりに集まるさまざまな羽虫同様にうるさい存在である。お金や収納に余裕があればモスキートネット付きタープを買えばいいが、張るのも面倒だし、昼間は蚊帳の中などうっとうしい。それよりも、明るいランタンをタープのちょっと離れたところに立てれば、ガも羽虫もそちらに引きつけられていく。

スズメバチは黒いものを攻撃する習性がある

●虫から身を守る服装

アウトドアで忘れてならないのがハチ対策である。特にスズメバチは刺されるとショック死することもあるので要注意。彼らは黒い色に敏感に反応するのでアウトドアで黒い衣服はNGである。黒髪の女性は、できれば白系統の帽子で髪を隠した方がいい。

もちろんアウトドアでは素肌は出さないにこしたことはない。草や木、それに虫にお肌を傷つけられるリスクが高いので、美しいお肌を守るためにウエアは長袖を勧めよう。

いずれの虫対策も効果がない毛虫やクモなどの場合は、見つけたら草や葉でつまんで女性から離れた場所に持っていこう。むやみに殺してしまうのはアウトドア精神上お勧めできないが、虫対策も愛情表現の機会ととらえ、女性にあなたの誠意を認めてもらおう！

基本のアウトドアファッション

Theory

季節ごとにファッションにも気を配ろう。

●季節ごとのアウトドアファッション

アウトドアでのファッションはレイヤード（重ね着）が基本である。実際アウトドアを楽しむあなた自身が十分に理解しておく必要がある。

◆夏

夏のアウトドアファッションの基本はTシャツに短パンでOK。素材は綿がよい。吸湿効果が高く汗を吸い取り、蒸散での冷却効果があるのだ。これが一番涼しいが、森や林に入るときなどは上下ともに長袖で保護しよう。

アウトドアで帽子は必需品である。夏は直射日光から身を守り、多少の雨ならしのげる。またバンダナは汗の吸収がよく、かさ張らず帽子の代わりにもなる。

◆春・秋・冬

夏以外の季節に夏のスタイルをベースにしたレイヤードでは肝心の肌への保温力はなく、汗で濡れたりしたら乾かず、寒い思いをする。レイヤードの基本は3層で、肌着が暖かさを確保する熱層、中間が保温の役目の断熱層、そして一番外で外気や風、雨を遮断する外皮層である。春・秋は気温や天候に応じてこの3層を調節する。

冬のスタイルは原則として、春秋に重ね着をすることで保温力を高めればよい。肌着は上下ともポリエステル系素材のクロロファイバーやジオライン。これらは吸水性はほとんどなく保温性と速乾性に富み、薄手で軽い。

断熱層はウール素材かアクリル系素材などである。ウール素材は保温性、

撥水性、伸縮性に優れ、アウトドアに適しているが重くて高価なのが難点だ。アクリル系素材はオーロンやウィックロン、ハイバルキーなどでウールよりも軽く、耐久性、保温性に富み、廉価。セーターや山シャツ、ズボンはこれらの素材がいいだろう。フリース（ポリエステル系素材）も非常に軽く、保温性も高くて断熱層には適している。冬場は断熱層を重ねることで寒さを調節すればいい。

外皮層はアウトドアでは定番の防水透湿素材のジャケットである。ゴアテックスを始め、ウォーターマジック、オーロラテックス、シンパテックス、スポーリアなど、新製品が出ている。

冬も帽子は必需品である。冬場は首から上が外気に直接さらされると、熱の損失は体全体の50％を超える。つまり帽子が防寒に大きな意味をなすのである。また、首にバンダナを巻いても保温になる。

■お勧めのアウトドアの新素材

素材名	特徴	用途
エピック	繊維1本1本を防水加工。繊維間にも防水ポリマーを埋め込み耐水性、耐風性が高く速乾性、耐久性にも優れた素材。柔らかな着心地。	ジャケット シャツ パンツ
エンデュラック	超軽量の防水透湿素材。コンパクトに収納可能。ソフトシェルで動きやすい。	アノラック ジャケット
エアロサーモ	フリース生地の表裏に防水透湿フィルムをラミネート。防水、防風、保温性に優れる。	ジャケット 防寒衣
ディアプレックス	熱を持つと透湿機能で蒸散し、寒くなるとすき間を閉じて保温機能に変化。防水防風機能をも備えた環境温度適応機能防水透湿素材。	パーカー パンツ ジャケット
アウトラスト	温度変化に応じ液体から固体へと可塑的に変わるパラフィンワックスを用いた新素材。暑いと放熱冷却、寒いと発熱保温し吸汗／速乾性を持つ夢の素材。	アンダーウェア
クールマックス	4つの溝を持つ独特のポリエステル繊維により、素早い蒸散作用でサーモレギュレーション効果を発揮。非常に涼しく、抗菌効果もある素材。	夏用アンダーウェアー

トラブル対処で信頼勝ち取り

Theory

●トラブルは突然起こる

奥様と友人家族でのアウトドアが遂に実現、計画どおりに事が進んで、自然を満喫し、楽しい時間を過ごしている時などにトラブルは突然起こるものである。

だれかが池や川にはまってしまったとか、疲労困憊で動けなくなったとか、崖から転落してしまったとか、何が起こるかは分からない。しかしそんな時こそ、かえってあなたへの信頼を大きくするチャンスでもあるのだ。

トラブルに遭遇したら、とにかく慌てず、冷静になることだ。それから何をすべきか、更にどう行動するべきかを想定しながら行動しよう。初動を間違えるとトラブルの拡大につながることもあるので注意が必要である。

●トラブルが起こったら

起こりやすいトラブルに対処するための基本知識を頭に入れておけば慌てずに行動できる。

もし対処に自信が持てなければ携帯電話で119などに連絡すればよい。救助を求めなくても対処方法についての適切なアドバイスを受けられる。救助する方も初動と対処をきっちり指導することでトラブルの悪化を防ぐことができるし、救助出動の減少にもつながるので、決して迷惑なことではない。対処の仕方について不安がある場合は余計なちゅうちょはせずに消防署や病院、警察、役所などに積極的にコンタクトをとろう。

■トラブル対処法

トラブル	対処方法	備考
疲労困憊で動けない	座るなり横になるなりして体を休める。糖分とクエン酸を多く取る(レモン、梅干、はちみつ、エネルギー補給食、ニンニク、ラッキョなど)。血行をよくするためマッサージをする。疲労が足にきた場合はひざ裏の筋を手で強く押す。	もともと疲労気味のサラリーマンはバテやすいのでこまめに休息をとる。深呼吸をしっかりすれば落ち着いて楽になる。
濃いガスで方向を見失う	原則見通しがきくまで動かない。ルートが明確なら慎重に進むこと。あくまで無理は禁物である。引き返す勇気が必要。	安易に進みたがる同行者を抑えることも必要、確証がない限り動かない。
足がつる	ふくらはぎは足を伸ばして足首をアキレス腱をのばす方向に折り曲げ、ふくらはぎを伸ばす。ももは足首を曲げたまま手をひざ裏に入れ、ひざを折り曲げる。患者の上に覆い被さるようにして波状的に体重をかけて押し、ももを伸ばす。	日頃運動不足のサラリーマンはフィールドでよく足がつる。スポーツ飲料等で水分と塩分を補給すると回復しやすい。
水におぼれる	まずはロープや浮き輪またはその代わりになるものを探し投げ渡す。なければ衣服を脱いで泳いで近づき、おぼれている人の背後から引っ張りながら岸に連れてくる。あごに手をかけて、しがみつかまれないように注意する。	安易に飛び込まない。数人が手をつなぎ水に入って先端の人が救助する方法もある。
意識を失う	まずは呼吸と脈の有無を確認する。けがや出血、体温を確認後、体を横向きに寝かせ、両ひじと上側の足のひざを深く曲げる回復体位をとって救助を待つ。	乳児は足の裏を軽くたたいて反応を見る。反応が悪ければ気道確保して救助を呼ぶ。
呼吸が停まる	至急人工呼吸が必要。あおむけに寝かせ、首を後ろに折り曲げ気道を確保する。鼻をつまみ口移しで2秒程度、相手の胸が軽く膨らむように息を吹き込み、1～2秒後にまた吹き込む。数回繰り返し反応を確認。呼気が戻るまで繰り返す。	人工呼吸中に相手が咳き込んだり体を動かせば回復の兆し。

トラブル	対処方法	備考
心臓が停まる	至急心臓マッサージを行う。仰向けに寝かせ真横に座って、相手のみぞおちの2cm程上に両手の手掌基部を重ねて押す。体重をかけて相手の胸が3～5cmくぼむ程度に強く押し、毎分80～100回で繰り返す。	一人で人工呼吸を行う場合の組み合わせは、2回の吹き込みと15回の心臓マッサージを交互に繰り返す。
日射病	脳の体温調節機能の障害。軽い脱水で顔が赤く息が荒くなる。頭を高くして寝かせ体を冷やす。スポーツ飲料などで水分補給。	炎天の直射日光下で起こる急性疾患。帽子である程度予防できる。
熱射病	日射病よりも症状が重い。高体温で冷や汗が出たりする。頭を低くして寝かせ安静にし、徐々に体を冷やす。	体温調節機能の弱い子供が発病しやすい。長時間の炎天下での行動は控える。
スズメバチに遭遇する	ハチが近づいても振り払ったりたたいたりしない。ハチを攻撃すれば仲間を呼んで大挙して攻めてくる。地面に伏せてじっとして離れるのを待つか、ハチを見ながら後退して静かに遠ざかる。 刺されてもハチを刺激せずおとなしくする。動けば毒の回りが早まる。 両手の指で強く押して毒をしぼり出し、お茶やきれいな水で洗い流す。 抗ヒスタミン剤を含む軟膏を塗り必ず病院に行く。	スズメバチ等は黒色に反応するので黒い服は避け、帽子を着用。化粧品や果実の香りはスズメバチの攻撃指示フェロモンになるので避ける。
アウトドアギアのトラブル	大破しない限りあきらめず修理。針金があれば応急処置に役立つ（木を利用した補強も可）。	携帯用工具セットは必ず持参する。

■けがに対する対処法

けがの内容	対処	備考
スリ傷	傷口を軽く水洗い。消毒液（オキシドール、赤チン等）を塗る。ばんそうこう類で保護。	ひどい時は化膿止めかガーゼと包帯で保護。
キリ傷	出血があればまず止血。患部を心臓より高く上げ、傷口に清潔な布かガーゼを当て強く押さえる。	止血後はスリ傷対処と同じ。
打撲	傷があればまず傷の対処。その後患部を冷やす。頭を強く打ってコブにならず吐き気があれば内出血の可能性⇒すぐに病院へ。	痛みがひくまで冷水を含ませたタオルなどを当てておく。こまめに取り替える。
火傷	痛みが和らぐまで水で冷やす。水道がなければ布に水を含ませ塗布しあおぐ。服は脱がさず、上から水をかける。水泡ができても破らない。後はガーゼ等で患部を保護。	ひどい日焼けも同様の処置をする。
虫刺され（ハチ、アブ、ケムシ等）	毒針を抜く（刺抜き、針、粘着テープ）。水および石鹸で洗い冷やす。抗ヒスタミン軟膏を塗る。	小便をかけるのは間違い。
靴ズレ	軽症なら大きめのばんそうこうで保護。水泡ができたら針またはハサミで水を出し消毒後、ばんそうこうで保護。	靴ひもの締めすぎに注意し、新しい靴は避ける。
ねんざ	テーピングで特に痛みが強い方向への動きを制限するように固定し、患部を冷やす。足首の軽いねん挫なら靴ごとテープで固定する。足を休めて痛みが緩和すればゆっくり歩いても大丈夫。	関節が外れかかったか、外れたが元に戻った時の周辺筋肉の炎症。痛みは長く続くが無理をせねば大事にはつながらない。
骨折	基本は動かさず救急車を待つ。無理なら副木を当てて固定する。できるだけ動かさずに骨折部分の上下の関節にも届くように副木を当てて全体を固定する。	固定用のテープや三角巾がなければタオルやパンティーストッキング等で代用可。

■常備したいファーストエイドキット

外用薬	消毒薬、滅菌ガーゼ、化膿止め、虫刺され薬（予防、かゆみ止め）、湿布薬、日焼け止め
医療具	ばんそうこうの大小各種、包帯、伸縮性包帯、ハサミ、刺抜き
内服薬	胃腸薬、下痢止め、風邪薬、鎮痛解熱剤

Father's Note

自分一人でアウトドアを楽しむ

家族とのアウトドアは素晴らしいが、どんなに努力しても家族があまり興味を示さない場合だってある。家族とはいえ個々の人間である。生理的に合わない場合だってあるのだ。

封建時代のように父親の権力が絶大で家族は皆父親の指示に従わねばならない時代ではない。仮にそれを望んだら間違いなく家族の総反撃に合い撃沈させられるのが関の山である。

もし家族とアウトドアを一緒に始めたとしても、長続きしないケースだってある。自分以外の家族が飽きやすいかもしれないし、トラブルの対処にミスすれば「もう行かない」ということになりかねない。ならば、アウトドアはあくまで自分の世界として、家族を巻き込むことはとりあえずあきらめた方がいいだろう。

あなたが自分で楽しめばいいのである。興味の薄い家族を無理に引っ張っていくアウトドアは何かと制約やハンディが多く、アウトドアを存分に楽しむのは困難である。一人の方がはるかに身軽で好き勝手なことができ、存分に満喫できるはずだ。

そうやって一生懸命になって楽しむあなたの姿に、年月が経って成長した子供が新たな興味をもつかもしれない。奥様だって時間が経ち環境が変われば気が変わるかもしれない。

多忙なサラリーマンが苦労して確保した時間を自分のために存分に使うのである。人生を楽しむべき時は今現在だ。だれにもじゃまされずアウトドア人生を満喫しよう！

PART 4

アウトドアの賢いマネー術

何かとお金がかかるアウトドア
ちょっとした工夫が節約のポイント

Practice

グッズは家庭用品の流用で

●家庭用品は使いやすい

キャンプは日常生活を野外で楽しむことから始まる。そのためには少しずつ野外生活に慣れて行った方が特に女性や子供には抵抗が少ない。最初はバンガローやロッジを利用し、食事もすべて自分たちでつくらなくても構わない。レストランや食堂、コンビニですませてもいいのだ。

グッズもいきなりすべてをそろえる必要はない。キャンプを始めるのに必要なグッズは、できる限り家庭用品を流用する。家庭用品とキャンプ専用品との違いは、おおむねコンパクトさぐらいのもので、基本的に大きな違いはない。家庭用品の方がキャンプ用品よりも大きさの制約が少ないため、使いやすい。

グッズは少しずつそろえていこう。

●食事に流用できる物

小生はキャンプ歴30年以上であるが、現在も家庭用のフライパンを愛用している。もちろんその方が使いやすいからだ。クッキングセットはほとんど家庭用でOK、鍋もフライパンもケトルもそのまま使えばよい。

食器類は割れやすい陶器やガラスはお勧めできないが、それ以外の物ならたいがい使える。家庭用でなくても、お弁当屋やコンビニなどでもらえるプラスチックのフォークやスプーン、割りばしやお手ふきなどを随時ためておいて、キャンプの時に使えばいい。

調味料はしょうゆやソースなどこぼ

れやすい物は、小ビンに詰め替えて持って行くか、お弁当用のミニパックを利用すると楽だ。塩や砂糖はフィルムケースや小さな密封容器に小分けにして持っていけばいい。

●就寝時の工夫

シュラフ（寝袋）は必需品のように思われるが、タオルケットか毛布、夏場なら大きめのバスタオルで代用できる。子供なら大人用のダウンジャケットに逆さまに入って（足をジャケットの腕の部分に入れて、腰の部分に子供の首がくるように）寝袋の代わりにすることもできる。

マットもダンボールで代用できる。または草や木の葉をいっぱい集めてダンボールや新聞紙などにはさんで敷けば、結構柔らかで暖かい敷布団代わりになるし、その方がずっとアウトドアっぽい雰囲気が楽しめる。

●衣類の工夫

衣類だってキャンプ用に特別に買う必要はない。普段着ている物を気候に合わせ、上手に利用すればよい。ただし、透湿防水素材のジャケットはあった方が、防水防寒防風機能があり何かと便利である。

夏はジャケットは必要ないと思うかもしれないが、夜の防寒や突然の雨などもあるためアウトドアでは必需品である。

キャンプに慣れてきて、何が使いやすいか、物の良し悪しが分かるようになってくれば、自分の好みとスタイルに合ったグッズの購入を検討すればいいのである。

100円ショップを賢く利用

●しっかり情報入手

アウトドア用品は何かとお金がかかる。アウトドアショップに行けばひととおり専用品は何でもそろうが、まともに買っていては割高である。店ではどんな用品があるのかをチェックし、店員にできるだけ話を聞いてしっかり情報入手をしよう。話を聞くだけなら無料だ。実際に購入するのに、まず足を向けたいのは１００円ショップ。これが一番安上がりなのだ。

◆バーベキュー用品

家庭用品の流用で大半はカバーできるのだが、食器類は使用後に洗わなければならない。

ならば１００円ショップで使い捨ての紙皿、紙コップ、はしなどを買ってしまおう。それぞれ１００円分でデイキャンプ2、3回分以上の量を買うことができる。洗う必要がないだけでなく、準備と後片付けの手間も大幅に削減できるのだ。時間と工数（手間）を考えれば、使い捨てであっても家庭用品より安くつくかもしれない。

バーベキュー用の炭、軍手、火バサミやトングもみな購入できる。ぜひお勧めしたいのは、バーベキュー用の網。これを洗うのは大変で手がかかる。これこそ１００円の物を使い捨てすれ

バーベキュー用の網も100円ショップで。

ば、とても楽だ。もちろん燃えないゴミに出すことは言うまでもない。

◆宿泊キャンプ用品

宿泊キャンプとなるとバーベキューの荷物に加え、さまざまな準備が必要だ。しかしその多くは100円ショップで購入可能である。バーベキュー用品に加え、アルミホイル、ラップ、お玉にヘラ、鍋やフライパン、非常用食料のレトルト食品やカップめん、簡易式の折りたたみイス、スコップ、マキ、スチールたわし、タオルにキャンドル、ヘッドランプに懐中電灯、コンテナボックスやロープ……。

挙げていけばきりがないくらいキャンプに使える物があり、アイテム数も年々増えつつある。これを利用しない手はない。

◆その他のアウトドア用品

サイクリング：パンク修理セット、工具セット、空気入れ、替チューブなど。
自然観察：ルーペ、虫網、虫かご、カメラ用フィルム、使い捨てカメラなど。
ハイキング：地図、ガイドブック、雨ガッパ、帽子、サングラス、下着類など。

実際に100円ショップでアウトドアに使う物を考えながら見ていると、「えっ、こんなものが！」という発見がたくさんあり、その種類の多さにあれもこれも使えるじゃないか！　とちょっとした感激を味わえる。ただし、100円だと思って調子に乗って買いすぎ、結局は高くつくといったことにならないようご注意を。

Practice

レンタルを活用しよう

自分に合った物を見つける

小物のアウトドア用品は１００円ショップの品でいいが、大物になると、安易に購入してもうまく使えなかったり、ほかにいい物があって結局はそちらに買い替えてしまったりで値段の張る無駄な買い物になるリスクがある。

もちろん購入の前には本や雑誌で調べ、アウトドアショップで店員から情報収集し、フィールドで経験者やベテランの意見を聞くことなどをするべきである。しかし、自分に合った物を見つけるのには実際に使ってみるのが一番なのだ。

レンタルショップから借りる

人から借りる手もあるが、トラブルになると何かと面倒である。レンタルならだれにも遠慮なく使えて楽しめる。今やレンタルショップもあちこちにあり、イエローページやインターネットで調べればすぐに見つかる。しかもアウトドア用品も品数や在庫が充実してきていろんな物が借りられるようになってきた。都会のレンタルショップでも、夏休みやＧＷなどのシーズン中も対応できるよう在庫を豊富に準備するようになってきた。ちなみにアウトドアショップでもレンタルしている所もある。ただしいくら充実してきたとはいえ、夏休みやＧＷなどは早めに予約をしておかないと借りられない場合がある。インターネット上で在庫や予約の状況を公開しているレンタルショップもあるので活用しよう。

●キャンプ場から借りる

キャンプ場でも各種用品をレンタルしている所が増えつつある。大物はキャンプ場で借りれば荷物も少なくなるし、車への積み込みや運転も楽になり、燃費だって向上する。

親切なキャンプ場ならテントのたて方やストーブの使い方なども教えてくれ、ビギナーにはとても安心である。

ＭＴＢ、カヌー、ＸＣスキーなどのギアも、それぞれの人気スポットに行けばレンタルできる場所が増えている。事前に電話やインターネットで調べて積極的に活用しよう。

ただし、こういったレンタル物はほとんどがビギナー用であるし、ギアの良し悪しもショップによって千差万別である。変な物をレンタルしてしまわないよう、自分なりに見る目を養っておくべきだ。事前の十分な情報収集で使い方や良し悪しのポイントを押えておき、店員に言われるがままに借りて後悔しないよう自分でしっかりと判断しよう。

手持ちの荷物は宅配便で送付し、一般交通機関でフィールド近くまでアクセス、現地で車もレンタルしてしまうといった、「レンタルグッズ＋宅配便＋レンタカー」で渋滞のリスクと荷物から開放されれば快適なアウトドアが待っている。このスタイル、スマートでとてもカッコイイではないか！

多少コストはかかるかもしれないが、本当に自分に合った愛用できるグッズを見つけるまでの投資と考えれば決して高くはないだろう。

レンタルで行き帰りの負担を減らす。

Practice

車の中で快適に眠る

●テントは必需品ではない

宿泊キャンプにテントは必需品ではない。レンタルもできるし、バンガローやキャビンを借りても構わない。でも安上がりなのは車の活用である。車はアウトドアでの睡眠場所としてはテントよりもはるかに高い機能がある。

どんなにドシャ降りの雨でも、まず浸水してくることはない。突風が吹いても飛ばされることもなく、仮に外がうるさくても、遮音性はテントよりもずっと高い。また、寒さに対してもテントよりは強いし、いざとなればエアコンもあり、暑さ寒さ対策も可能である。その場合はもちろん、排ガスやエンジン音が周りの人々に迷惑にならないようにする必要はある。

車はRVの1BOX車がベスト。ランドクルーザーやパジェロのようなSUV（スポーツユーティリティービークル）やステーションワゴンでもいい。セダンはフルフラットシートになれば使えなくもないが、ほかのタイプに比べれば機能性で大きく劣り3人以上での宿泊には厳しいものがある。

●快適なベッドづくり

快適な睡眠を得るには、快適なベッドづくりがカギとなる。フルフラットシートにするのが前提だが、車種によってはリアシートをたたんでしまい、荷物室のスペースをベッドにすることもできる。その方が平らなベッドがつくりやすい。

ただしこのスタイルは女性や子供はいいが、大人の男性が足を伸ばして眠れるスペースが確保できる車種は限られてしまう。

フルフラットシートにしてもシートの形状から180度平らにはならない。ポイントはいかにして凸凹をなくすかである。衣類や荷物、毛布やマットをうまく凸凹の間に詰めて平らにするのである。

事前に車内のスペースに合わせたエアーマットを購入しておく手もある。いろんなサイズの物がアウトドアショップやディスカウントショップで売っているので見てみよう。これが一番簡単で最も平らなスペースを確保できる方法なのだ。

●光を遮る

次のポイントは光の遮断である。電燈などの光がまぶしいこともあるが、問題は朝である。夏場などは午前4時過ぎから明るくて眠れないこともある。最近はスモークガラスの車が多いが、それでも気になる場合は、ダンボールをウインドーの形に合わせて切り取って窓に貼ればいい。防寒防音にも効果を発揮する。フロントガラスはサンシェードを使おう。

手っ取り早いのがアイマスクとイヤープラグ（耳栓）で、外から見られることを気にしなければこれだけで十分である。明るさや凹凸など気にならずどんな状況でも眠れる人は、シュラフを車の中に準備しておくだけでOKである。これならいつでも車中泊できる。

ちなみにフィールドに向かう渋滞対策として、前夜に渋滞発生ポイントを超えた先のSAやPAなどで車中泊をしてもよい。帰りも夕方から夜の渋滞を避け、車中泊後朝一番で戻ってくれば、渋滞のリスクは極めて小さくなる。キャンプ以外のアウトドアでも、車中泊を上手に活用すれば行動範囲が広がり、渋滞にもはまらず最大限アウトドアを楽しむことができるだろう。

Practice

世界一安い日本の中古車

●車はアウトドアの重要アイテム

車があればアウトドアの行動範囲や自由度が大きく広がる。車はアウトドアには非常に重要なアイテムなのだ。

しかし、車は高い！ サラリーマンにとって安易に買えるものではない。一般的にはマイホームに次いで人生で2番目に高い買い物かもしれない。

駐車場代も税金も保険もメンテナンス費用もかかる金食い虫であり、ちょっとしたキズやヘコミの修理代もばかにならない。一番大きいのはもちろん車の購入費用であるが、実は日本は世界でも最も車の価格が安い国である。一つの国に10以上の自動車メーカーがひしめき過当競争をしている、世界で最も競合の厳しい市場なのだ。とはいえ、やはり車は高い買い物であることに違いはなく、少しでも安く手に入れたいものである。

●日本の中古車を買おう

いくら日本の車が世界で最も安いとはいえ、新車はさほど大きな差はない。しかし中古車の価格にはかなり大きな差があるのだ。新車を数年乗ったら、その価値がほとんどゼロになる国など日本以外にない。逆に言えば、中古車価格がこれほど安い国はどこにもないのである。何を隠そう小生は自動車メーカーの社員であり、新車をお勧めする立場にあるが、サラリーマンの立場からは中古車が絶対にお勧めである。

欧米でも発展途上国でも、中古車価

車でいろいろなアウトドアフィールドへ。

格は新車と大きく変わらない。程度にもよるが、数年落ちで半額以下で購入できる国は日本だけである。国際感覚では、車は安全に快適に移動することが重要で、新車でも中古車でもそれは変わらない。価格もあまり変わらないのである。

日本の中古車は世界のほかの国々よりもずっと高品質であり、整備も行き届いている。それでいて価格は世界的に見れば二束三文のレベルなのだ。一流のキャンピンググッズをひととおりそろえると数十万円もかかってしまうが、数十万円あれば高品質で整備の行き届いた中古のRVが買える。年式などにこだわらず、10年以上の物なら数万円で手に入る。それでもアウトドアには十分楽しく使えるのだ。

●車に対して国際的な感覚を持つ

要するに車に対するあなたの日本人的感覚をもっと国際的感覚に近づければいいのだ! まず、キズやヘコミなど気にしない。車は安全に快適に移動することができればいいのである。いつもピカピカのカッコいい車に乗りたいのなら別だが、アウトドアには必要ない。

日本の車の性能は極めて高く、多少の傷やヘコミなどは安全性にも快適性にも何も影響はないのである。国際的感覚を身に付け、ランニングコストを削減しよう。

ブランド志向の見えなど捨てて、グローバルスタンダードの視点で車を見直せば、節約できる金額は大きい。アウトドアのチャンスは経済的にも大きく増えるのである。

食料品・消耗品の購入は主婦感覚で

家族で数多くのアウトドアに出かけたいものだ。

奥様に買い出しをお願いする

　アウトドアを楽しむのに食料の調達は必須である。特にキャンプやバーベキューなど食べることが大きな楽しみである場合は、食料の購入金額の占める割合が大きくなる。たまには多少のぜいたくをしても構わないなどという意識で買い出しする場合と、常にリーズナブルによい物を安く入手する意識を持って買い出しをする場合とでは、その金額の差は大きい。限られた予算で計画する年間のアウトドアの回数にも影響を与えてしまう。家庭の財務省である奥様からの厳しいチェックが入ることにもなりかねない。

　食料品を安く購入するのにベストな方法は、ズバリ奥様にお任せすることである。奥様が専業主婦の場合は特に、スーパーなどでの買い物に慣れており、買い物の知識に長けているので、無駄な買い物をせずにすむからだ。

　ただし奥様があなたに準備を押し付けられたという思いにかられるリスクがあるのならば、一緒に買い出しをしよう。夫婦や家族での買い出しは日常の買い物とは違い、アウトドアに家族で行くのだという気分を盛り上げることにもなる。

●買い出しのポイント

しかし奥様の協力を得られない場合、またはお願いしにくい場合もあるだろう。自ら買い出しをする際にいかにリーズナブルに買い物をするかポイントを整理してみよう。

・食事をすませた後に買い出しする（空腹時は何でも食べたくなり、ついつい買いすぎる）。

・常に必要量を考えながら買い物し、買いすぎないように注意する。

・調味料はわざわざ買わずに家庭の物を小分けにして持っていく。

・ファストフードやお弁当、コンビニでの買い物の際に付いてくる無料の物をキープしておく（しょうゆ、ソース、マヨネーズ、塩、コショウ、はし、スプーン、フォークなど）。

・１００円ショップでの食料品を購入する場合は、スーパーで買うよりも高いことが多いので注意する。

・食品によってはスーパーで買うよりも商店街などの店で買う方が安い場合がよくある（奥様に事前に確認しておこう）。

・肉など冷凍できる物は特売時に多めに購入して冷凍しておく（冷凍肉はクーラーＢＯＸの保冷剤にもなるので便利である）。

・氷は買わずに１００円ショップなどで買える保冷剤を繰り返し使う（クーラーＢＯＸ内の一番上に保冷剤を置けば効率的に冷却できる）。

・朝食は出発後に車の中で取るべきだが、コンビニではなく事前にスーパー等で購入しておくか、前日におにぎりなどを準備しておく。

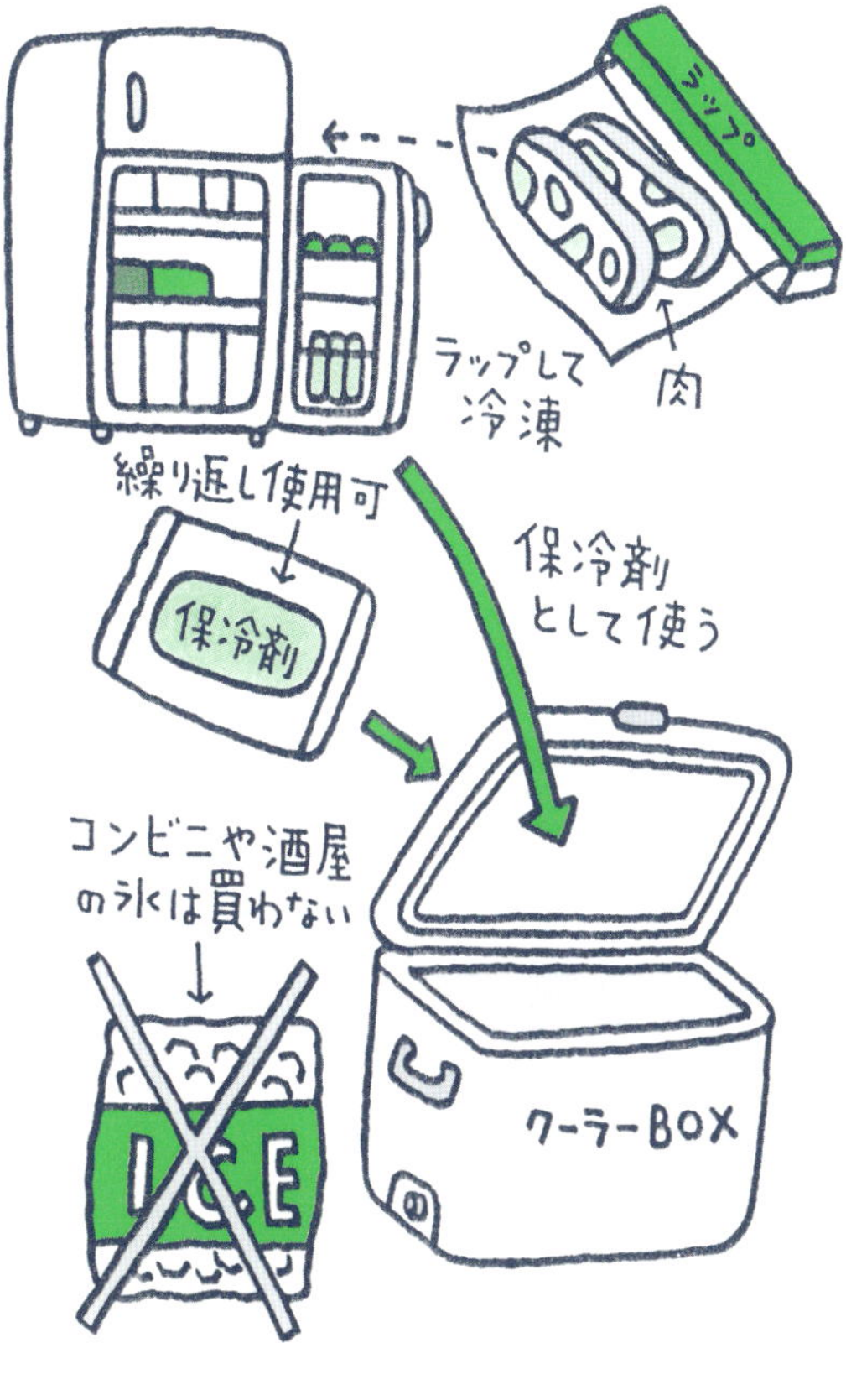

◆**スーパーでの買い出しのポイント**

・チラシ広告で特価品を事前に確認しておく。

・タイムサービスの時間に合わせて買い出しに行く。

・本日限りの売り切り商品を探す。

・閉店間際には値引きシールが貼られるのでそれをねらう。

・特売品は通常の陳列から離れた、独立した陳列（シマチン）で販売していることが多い。

・上記をひととおり確認した後でリーズナブルなコストのメニューを決めてから必要な量だけ購入する。

●ホワイトガソリンのコスト削減

アウトドアでの消耗品は何でも大切に使えば長持ちするし、買い替えの頻度もさほど多くはない。ただしガソリンストーブやランタンなどを使っている場合は、燃料であるホワイトガソリンのコストはばかにならない。これらはキャンプなどには毎回必要だし、1ℓ当たり700円程度もかかるので、すぐに4桁のお金が出て行くことにもなってしまう。

しかしこのホワイトガソリンを通常の数分の一の値段で購入することができる方法がある。もちろんアウトドアショップでは純正の高い物しか扱っていない。そこでガソリンスタンドで工業用のホワイトガソリンを買うのだ。

ただしどこのスタンドでも売っているわけではない。工業用機器の洗浄や印刷用インクのメンテナンスなどに使われるので、近くに町工場などがある場所のスタンドにおいてある可能性が高い。電話などでスタンドに聞いてみれば扱っている場所が分かるので、ぜひこれを利用しよう。

●燃料代・高速代のコスト削減

ランニングコストの観点で見れば車の燃料代や高速代も大きなウエートを占める。燃料代は、もちろん燃費のよい車で常に経済運転を心がければいいのだが、たいして大きな差は出ない。燃費ばかりを考えて運転していると、安全面とか時間の短縮でデメリットになる場合だってある。だから単価の安いスタンドで燃料を入れることでコストを抑える。近くの安いスタンドを探してプリペイドカードで購入すれば、相場よりも数%は安くなる。年間にすればコストにかなりの差が生じることになる。

また、高速代も一番安いのはＥＴＣの前払い割引である。これは５万円前払いで５万８０００円分の高速代金を支払うことができる。ＥＴＣ装着のコストも安いケースなら総額で１万円近くですむので、５万円を２回前払いすれば元が取れる。

更に政府のＥＴＣ推進施策により数々のメリットが増えつつある。何よりも渋滞している料金所をノンストップでごぼう抜きできるのがとても気分がいい。世の中の渋滞対策にも一役買うことになるので、ぜひともＥＴＣ装着はお勧めしたい。

ネットオークションを活用する

Practice

●安くて効率のよいアウトドア

いまやインターネットはあたりまえの時代である。時間とお金のないアウトドアマンなら、なおさらインターネットを活用して、効率よく、安く、アウトドアを楽しみたいものである。

　アウトドアグッズも新品のみならず、中古品、新古品（一度購入されたが未使用な物）など数多くの選択肢がある。インターネットをのぞけばたくさんのオークションサイトがあり、だれでも気軽に入札して格安物件を手にするチャンスがある。

　欲しい物を決めたものの、定価での購入は予算的に厳しいとか、予算的にはOKでもより安く入手したいのならば、ぜひネットオークションを活用しよう。物やタイミングにもよるが、うまくいけば十分に使える良品が定価の何分の一の値段で手に入れることができる。

●ネットオークションの活用方法

　簡単にインターネットオークションの活用方法を紹介しよう。まずはサイトを見つけるのだが、「Yahoo! JAPAN」や「goo」などの検索エンジンで「オ

安く手に入れたグッズでバーベキューを楽しむ。

ークション」をキーワードに検索すれば、何十種類ものオークションを運営しているサイトが見つかる。

「Yahoo! JAPAN」「goo」「楽天市場」「Bidders」「MSN」などが比較的規模が大きく有名である。いろんなページをのぞいてみて気に入る物件があるまで探せばいい。

欲しい物を探すには、まずはキーワード検索である。「MTB」とか「タープ」など欲しい物の名前で検索する。更にメーカー名、希望価格帯、落札までの残り時間など、さまざまな条件で検索し、アイテムを絞り込む。

欲しい物が見つかったら内容を詳しくチェックしよう。写真や仕様、出品者のコメント等が掲載されているはずだ。OKならば応札である。締切時間までの間に入札額をインプットするのだが、締切寸前の数分で価格がつり上がることが多いので、どうしても欲しいのならば落札時間寸前に応札するのがポイントである。

●マメにサイトをチェック

いろんなサイトで網を張っておけば、そのうちのどれかは購入希望価格近くで落札できる。落札できたら、落札通知なるものがメールで届く。出品者とメール等で連絡をとり、代金と物の取引をする。

サイトによっては出品者と購入者の間に入り、入金と発送を仲介してくれる所もある。ただし落札後は原則キャンセルができないので、ニーズの高くない物を適当な価格であれこれ応札することは避けるべきである。

もちろん不要になった物の出品も可能である。その場合は登録料や落札額の何%という形で手数料を取られることがほとんどなので、案内のページをよくチェックしておくべきだ。

頑張ってマメにチェックしよう。最後は何でもマメな者がおいしいところを持っていくものである。

Practice

ネットオークションのリスク管理

●リスクを知る

ネットオークションはうまく活用すれば安くてよい物が手に入る反面、さまざまなリスクが潜んでいることを忘れてはならない。便利だが匿名性が高く、メールのやりとりだけでお金の支払いまで簡単にできることは、悪用する側にとっても好都合なのである。

ONLINE SHOPPING TRUST

JADMA
社団法人　日本通信販売協会

サイトの信頼の目安となるロゴマーク。

泣きを見ないための注意点、対策について考察してみよう。大切なのはオークションサイトの信頼性。あまり聞いたことのないサイトでは時々サイト自体がなくなってしまうこともあるため、「Yahoo! JAPAN」や「楽天市場」などの大手のサイトの方が安心だ。

オンラインショッピングでは、社団法人日本通信販売協会（JADMA）の正会員になっているサイトや、日本商工会議所がJADMAの認証を得ているサイトにはロゴマークが付いているので信頼の一つの目安となる。

●リスクを回避するために

決済方法についての事前確認は必須であるが、前払いや代金引換郵便は注意が必要である。またクレジットカードによる決済も暗証番号のインプットを要求されるような場合は、詐欺にあう可能性が高くなるので、できるだけ避けよう。不明な点があれば出品者にメールや電話などで直接問い合わせることも必要である。できれば証拠が残るメールでの確認が望ましい。返品が可能かどうかについても事前におさえておきたい。

また、トラブルに備えて証拠となる物はきっちりと保管しておこう。例えばオークションサイト注文画面、出品者や仲介業者（サイト）から届く承諾通知などの確認メール、代金支払いの領収書や納品書などである。大手サイトでは、出品者の評価を行い苦情や問題のある出品者やその振り込み先口座番号などをサイトで公表しているのでチェックしておけばよい。

●トラブルが発生したら

万が一トラブルがあった場合はどうするか。オークションサイト運営会社が一定の補償制度を設けているので利用しよう。例えば商品が届かない場合はまずは出品者に督促をする。次に証拠を持って最寄りの警察に被害届を出す。その被害届のコピーを添えてオークションサイト運営会社に補償を請求し、審査後に補償金が支払われるのである。補償額の上限（サイトにより10万〜50万程度）はあるものの、中古のアウトドア用品でそれを超える場合は少ないのでまずはカバーされる。

ほかにも大手サイトでは「オークション法律相談」などを設けているのでそこに相談することもできる。トラブルの際は泣き寝入りせずに立ち向かう。実際のアウトドアでもトラブルの際にあきらめたらおしまいなのだ。

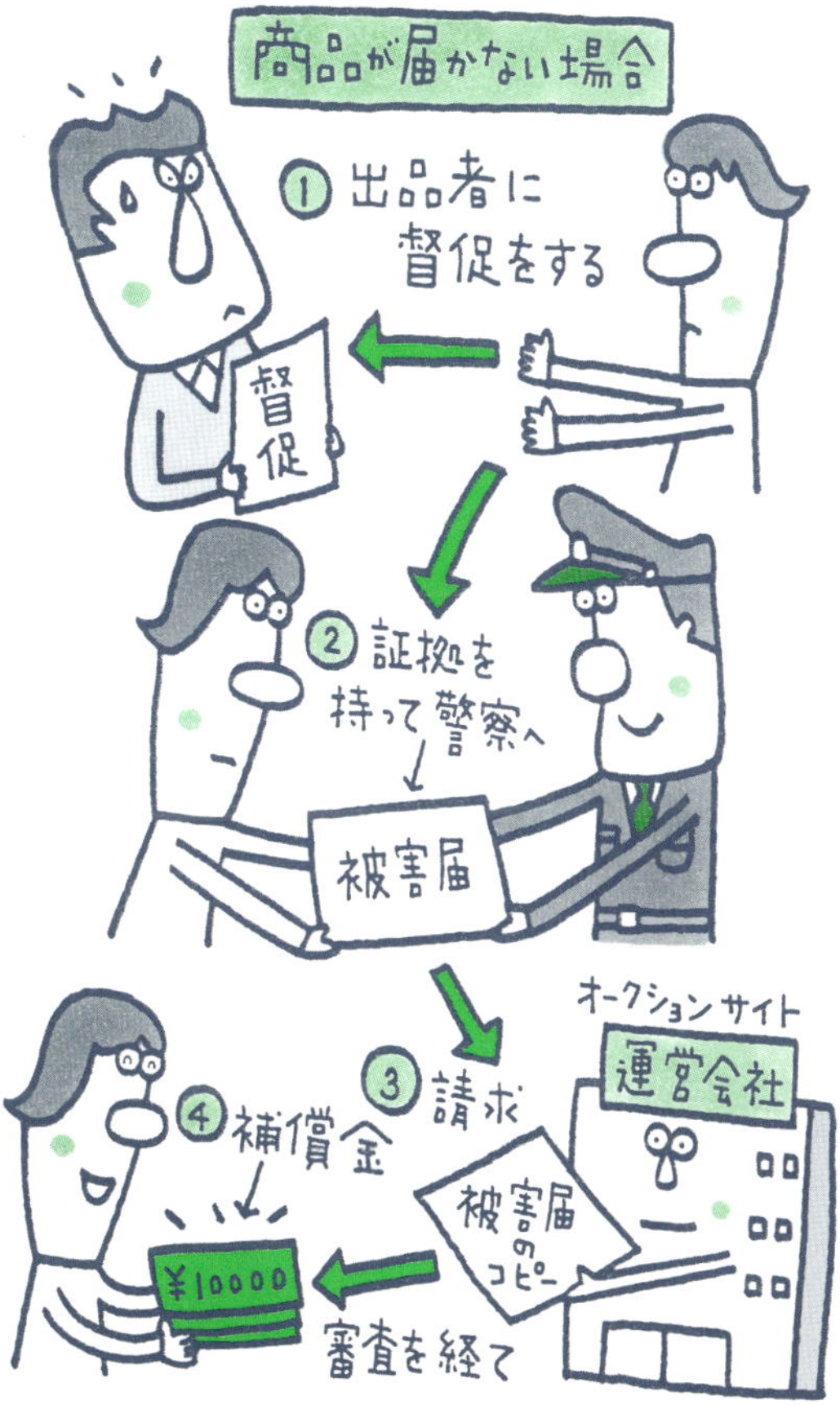

「エスクローサービス」で安心取引

トラブル防止のため出品者と落札者を仲介する「エスクローサービス」を利用するのも安心対策の一つとなる。これはオークションの仲介業者で、商品を落札後いったんこの業者に代金を支払い、取引が終了するまで落札代金を預ける形をとる。そして出品者がこの仲介業者に発送し、落札者が商品を受け取って確認してから、代金が出品者へ支払われるというシステムである。数十円から数百円程度の手数料はかかるものの確実に商品を入手できるので安心だ。出品する場合も代金回収の余計な心配はしなくてすむ便利なシステムだ。仲介業者はオークション運営サイトとは別になるが、中には日本最大級のスーパーや宅配会社など信頼度の高い企業がこのシステムを運用しているので安心して利用できる。

Practice

ネイチャーウォッチング

●五感をフル活用して自然と対話

お金をかけずに家族アウトドアを楽しむには、ネイチャーウォッチングがお手軽でよい。木々や草花の観察、水辺の生き物や昆虫の観察と採集、雪の中での遊びなどで家族アウトドアの入門にもなるが、ネイチャーウォッチング自体が奥の深いアウトドアなのである。もちろん目で見ることばかりがネイチャーウォッチングではない。聴覚、嗅覚、触覚など人間の持つ五感をフル活用して自然と対話をするのだ。

●ネイチャーウォッチング

アウトドアフィールドの森の中で森林浴を楽しむ際などは、ネイチャーウォッチングのチャンスである。森の息吹きを肌や耳で感じてみる。森の中で目をつむってみよう。じっと耳をすませばいろんな音が聞こえてくる。鳥のさえずり、虫の鳴き声、風のざわめき、小川のせせらぎ……さまざまな森の、自然の息吹きを感じることができる。大きな木に直接耳をあてて木の鼓動を聞いてみるのもおもしろい。ゴウゴウといった低い音がするのに気付くだろう。それも木によって少しずつ音や鼓動のしかたが違うのである。もし聴診器があればそれを直接木の幹にあててみよう。鼓動のこまやかな変化が感じられ、木々に同じ生き物としての愛着が生まれるかもしれない。

木や水や大地が発する霊気を深呼吸をしながら胸いっぱいに吸い込もう。精力ドリンクを飲むよりもずっと効果の高い、森の自然の精力剤だ。森に行かなくても郊外の林や都会の公園の木々の中で十分に楽しむことはできる。徹底的にナチュラリストになり、いろんな自然に興味を持ってネイチャーウォッチングに臨めばフィールドは大きく広がっていく。

●スターウォッチング

スターウォッチングもお金はかからない。アウトドア好きにはロマンチストが多いが、それは日常生活から抜け出し、アウトドアに夢やロマンを求めているからかもしれない。

キャンプの夜などに見上げる満天の星空にはロマンがある。星々のささやかなきらめきは、太古の昔から遠い未来にまで輝き続け、その一つ一つが長い年月をかけてやっと地球にたどり着いた大航海のあかしなのである。

夏に空気がきれいなフィールドなら、天の川を見ることができる。言うまでもなく銀河系を内側から見ているのが天の川の正体だが、この妖艶な輝きは何万年も前の、人類がまだ文明を持たない原始時代のころに発せられたきらめきなのである。

時には流れ星を見ることもできる。地球の近くを漂っていた宇宙のチリが大気圏に突入し、燃え上がる輝きだ。その一瞬の命の輝きに家族の幸せを願いたいものである。

これら自然観察はお金もほとんどかからず、それぞれに奥が深い立派なアウトドアである。家族で楽しめば自然を教育している父親である。自信と誇りを持って楽しんでいただきたい。

Practice

ウォーキングも立派なアウトドア

●アウトドアを楽しむつもりで

どんなに忙しくても、歩く時間は確保できるだろう。1～2時間でもいい。それだけの時間も取れないというのなら通勤途中や外回りなどの仕事中の移動に20～30分単位で歩くことはできるはずだ。バス停の1～2区間や地下鉄の1駅間をアウトドアを楽しむつもりで歩いてみる。

歩くコースは公園や寺社、街路樹や用水路などを盛り込み自然観察ができるように工夫したい。定期的に歩いていれば草花や木々の変化、四季の移り変わりを楽しむことができる。自然だけでなくそれぞれの街の歴史や文化を知ることだってできるのである。

また自宅周辺を自然観察という視点でウォーキングすれば新たな発見があるものだ。歩くという単純な行動ながら、目的を持つことにより新しい楽しみ方が生まれ、アウトドアへの興味が深まるきっかけにもなる。

●健康への効果

言うまでもなくウォーキングは健康によい。1日20～30分以上、距離にして2～4㎞以上を歩くことによりさまざまな効果がある。サラリーマンにつきもののストレスの発散、心肺機能の保持強化、ウエートコントロールやダイエット、それらに加え糖尿病、高血圧、動脈硬化症や心筋梗塞などの生活習慣病の予防と改善にも役立つ。

ただし20～30分以上歩かないと意味がない。運動を始めるとまず筋肉内の糖分がエネルギーとして消費され、次に血液中のブドウ糖が燃え始める。そしてそれら糖分を使い果たして、初めて脂肪がエネルギーとして燃焼を始めるのである。20～30分以上続けることでこの脂肪燃焼にたどりつき、そこで初めて健康によい効果が期待できる。

毎日が無理ならば1週間に3日以上続ければ効果はある。昼休みにオフィス周辺を観察しながらウォーキングするのもおもしろいが、できれば昼食前が望ましい。食後すぐは消化器官に負担がかかるし、昼食前の方が食事がおいしくなる。

歩き慣れた道でも思わぬ発見があるもの。

●正しいウォーキングフォーム

次に正しいウォーキングフォームのポイントを整理してみよう。まずは姿勢である。胸を張り背筋をピンと伸ばし、あごは軽く引いて腹部を引き締める。視点をできるだけ高い位置に持ってくるように心がけ、前方やや遠くを見る。ひじは軽く曲げて前後にテンポよくしっかり振る。着地はかかとから柔らかく入り、ひざや足首を十分に伸ばすように地面をキックする感じでしっかり踏み出す。歩幅は無理のない範囲でできるだけ広くし、バランスよくリズムを感じさせるフォームを目指して歩いてみよう。

ウォーキングもスポーツであるから、いきなりはうまく歩けないが、徐々にノウハウが身に付いてきて自然とスマートになってくる。初めは散歩でも平常の歩きでも構わない。エクササイズウォークにこだわらなくても長続きできる自分に適した歩き方で、楽しみながらウォーキングしよう。

●地図を見ながらウォーキング

ウォーキングをアウトドアとして楽しむ際の必需品は地図である。どこに何があってどのようなコースを歩けば自然観察が楽しめるのか、アウトドアプランニングのトレーニングにもなるし、知らない道を地図を見ながら場所を確認して歩けば読図力のアップにもつながる。歩いたルートを地図に書き込んで行き、自分の足跡で埋め尽くして行くのも、ある意味アウトドアの楽しみだ。

多忙でまとまった時間がつくれないならば、ウォーキングで身近なアウトドアを楽しむことから始めてみようではないか。

お金がなければ山野草を食べよう

究極の自然食

日本には食べられる山野草がたくさんある。野山で山野草を採取してそれをアウトドアで食べる……これこそ究極の自然食ではないだろうか！　しかも食べられる山野草は土手や河原、郊外の道端やあぜ道など意外と身近に生えているのである。

若いツクシは食べられる。

山歩きやキャンプでも自然は十分満喫できるが、自分の手で採って旬の自然の恵みを味わう喜びは格別である。お金がない時に、家族一緒に手軽に楽しむにはうってつけのアウトドアでもある。市販されている野菜とはひと味違った野性的な味わいを子供にも味わわせてあげてほしい。

山野草の食べられる部分は、主に若葉や新芽が多い。これはその部分がうまみの元となるアミノ酸をたっぷり使って次々に細胞をつくり出しているからであり、細胞も成長過程にあるため細胞壁が柔軟で、柔らかな歯ごたえになるからだ。

しかし山野草が一般に栽培されず、大量生産されないのは、そのアクの強さが一因である。ほとんどの山野草は実際に食べるのにはアク抜きが必要となるので、その必要のないレタスやニンジンのように、スーパーに並ぶことが少ないのである。

フキノトウはあまり花の開いていないものを採ろう。

●家族で山野草を摘む

家族で山野草を摘むのはとても楽しい。自分たちで食べる物を自分で直接採取できることはちょっとした喜びであり、おしゃべりしながら摘んでいると、気が付けばいつの間にか山野草でいっぱいになっているものだ。

◆山野草採り

用具
軍手
ナイフ
新聞紙
綿の袋（通気性に優れた袋）

山野草を直接手で摘み取ってもよいが、ポケットナイフがあれば柔らかなおいしい部分だけを上手に摘み取りやすい。ただし、山野草の多い土手や河原は犬の散歩道になっていることもあり犬の落し物には注意したい。道端よりもちょっと奥まった所の方が衛生的かもしれない。

春の山菜採りならば、やはりフキノトウである。山深く立ち入らなくても雪解けの道端などで見つけやすいし、郊外の小川や池の周辺、あぜ道などにも生えている。ほんの少し開きかけたフキノトウのつぼみを摘んで、さっと湯がいて味噌であえる。山野草独特のほのかな苦味と柔らかな歯ごたえは、アウトドアシーズンの本格な到来を感じさせ、早春のほのかな思いが漂よう。

採った山野草を家に持ち帰る場合は種類別に湿らせた新聞紙にくるんで、通気性のよい袋に入れて持ち帰るとよいだろう。

Practice

●アク抜きの基本

アク抜きの基本はゆでることである。ハコベやナズナなどアクの弱い物は塩ゆででいいが、ゼンマイやタンポポのようにアクの強い物は重曹を加えてゆでる。

アク抜きは時間をおかずにできるだけ早く行うことが必要。時間がたつほど固くなり、えぐ味なども増してしまうからである。

◆アク抜き

材料・用具

山野草

重曹

鍋

ザル

①山野草は細かいゴミが付いている場合があるのできれいに水洗いする。

②鍋にお湯を沸かし、重曹を加える（お湯1ℓに対し重曹は小さじ1が目安）。たっぷりのお湯でゆでるのがポイント。重曹がなければ塩と木灰や、米のとぎ汁などでもOKだ。

③ゆでる時間は1〜3分程度で、再沸騰する前に火を止める。そうすると苦味がややわらぎ葉も柔らかくなる。

④ゆで上がったら水にさらしておく。長くさらせばほぼアクは抜けるが、多少のアクは残した方が味わい深い。アクの苦みやえぐ味も山野草のおいしさの一つだ。

⑤後は炒めるなり、あえるなり、天ぷらにするなり、山野草にあわせて料理しよう。

ただし、食べられる山野草によく似た毒草もあるし、山野草のすべてが食べられるというわけではない。あらかじめ知識を持つことが大切である。

野草の種類や形を徹底的に把握しておく必要がある。

　山野草を採ることを目的に出かける場合には、植物図鑑やガイドブックは必ず持っていこう。特に最初のうちは、知識や経験の豊富な人などにガイドとして同行してもらうとよい。食べるのは確信をもって食べられる山野草だと判別できるものに限る。そうでないものは口に入れないことである。

●マナーを守る

　自然の恩恵を受けるにはルールがある。何でも自由に好きなだけ採っていいわけではないのだ。集中して生えている場合でも、すべてを採ってしまわずに、何本かだけを採る。再び生えてくるように根は残しておく。欲張らずに食べ切れる分だけにとどめよう。

　また、当然のことであるが、国定公園や国立公園などに自生している植物などは採ってはいけない。

■身近にある食べられる山野草

野草名	食用部分	自生地	時期	料理方法
ハコベ	若葉	あぜ道、畑	2〜3月	おひたし、七草粥
ナズナ	若葉	道端、畑	2〜3月	おひたし、七草粥
フキノトウ	つぼみ	湿地	3〜4月	天ぷら、しょうゆ煮、あえ物
レンゲ	若芽・若葉	田畑	3〜4月	バター炒め
タンポポ	若葉・花	道端	3〜5月	葉はおひたし、花は酢の物
ヨモギ	若葉	道端、土手	9〜10月	おひたし、ヨモギご飯
ゼンマイ	若芽	山野	4月	天ぷら、煮物、おひたし
ウド	若芽・茎	山野	4〜5月	生（味噌をつけて）
タラノキ	若芽	山野	4〜5月	天ぷら、あえ物
ワラビ	新芽	山野	4〜5月	おひたし、炒め物
シロツメクサ	花・茎・葉	草地	5〜6月	あえ物、炒め物
スイカズラ	花・若葉	山野	6〜10月	天ぷら、おひたし
ヤマイモ	むかご・根	山野	9〜11月	とろろ、生、蒸物、煮物
ユキノシタ	花・葉	湿地	通年	天ぷら、あえ物

Theory

あの手この手で情報入手

●情報は自分で見つける

「情報」は仕事においてもプライベートにおいても、必要かつ重要なキーワードである。より多くの情報を入手し、それを自分なりにいかに構築して活用できるかが、家族との楽しいアウトドアの成否を左右するといっても過言ではない。

今やインターネットや携帯サイトを活用することによって、いつでも簡単に多くの情報を入手することが可能になった。

しかし、その手軽さの一方で、それらはさまざまな主観に基づいた情報であることが多く、情報の取捨選択には注意が必要だ。加えて、インターネットがまだまだ自由に使える環境にない方やパソコンそのものが苦手だという方もいるだろう。

やはり情報は自分で見て、聞いて、調べるのが確実だ。そのためにはオーソドックスな方法ながらも手帳を常に持ち歩き、有益だと思うアウトドア情報をその都度、書き込んでいくのがベターである。特に記憶力の衰えを感じている人であれば、なおさら手帳は強い味方である。

●本屋・図書館で情報入手

通勤途中や外出中のすきま時間には近くの本屋に立ち寄ろう。短時間でアウトドアに特化した情報が入手できる。もちろん必要な情報の入っている本は購入していただきたいが、懐の寂しい場合は本のタイトルと著者名を覚えておいて、後で図書館で調べてみるという方法もある。

言うまでもなく、必要な本は自分で購入するのがベスト。カメラ付き携帯電話を使って本のページの写真を撮るなどの行動はご法度であるのでご注意を！　できる限り良識ある行動を心がけ、マナーを守ってほしい。

●駅や電車の情報に注目

日常生活の中では、会社にいる時よりも外にいる時の方が情報を入手しやすい。仕事によっては外に出る機会が少ない人でも、通勤時間ならば外界との接点があるだろう。例えば電車の中吊り広告は情報の宝庫である。

それも季節ごとに春ならばお花見、夏ならば潮干狩りやキャンプ、ハイキング、秋なら紅葉や温泉、冬ならばスキー関連というように、旬の情報が入れ替わり立ち替わり入ってくるのである。また、家族や子供と楽しめる行楽施設の情報も入手しやすいので、アウトドアを始めるきっかけとしてちょうどいい。

自宅近くの沿線の情報が入ってくるので、あまり時間のないサラリーマンにとっては好都合だ。雑誌などの中吊り広告にもアウトドアに関連する情報が含まれているので、注目してみよう。

駅の広告やポスターも貴重な情報源。その地域にちなんだ数々のイベント情報などが掲載されており、ホタルの鑑賞会やウォーキング大会、親子自

親子で気軽に楽しめるトレッキングポイントを探そう。

然教室といったアウトドアに絡むものも多い。情報入手の範囲は自宅と会社のある駅だけに限らず、通過駅や乗換駅まで広げてみよう。たまには各駅停車に乗って情報を探してみてはいかがだろうか。

●車窓の風景を観察する

季節の微妙な変化を読みとることにより、撮影会などの計画が立てやすい。

車窓から見える風景も注意深く観察してみるだけでいろいろな発見がある。道端やビル、野立て等の看板などにも情報は転がっているし、外の景色からは季節や気候の状況を読み取ることができる。新緑や紅葉を楽しむアウトドアを計画する場合は、山や木々の色づきぐあいなどを観察することによって休日のフィールドの状況が推測できるのだ。

ただ漫然と見ているだけでは意味がない。使えそうな情報、気になった情報などは、何でも手帳に書き込んでおこう。大切なことは、車窓から見える広告や風景を情報と位置付けることなのである。

●TVは便利な情報源

ＴＶもさまざまなアウトドア関連情報が入手できる便利なツールだ。電車の中吊り広告等と同様、それぞれの季節に合わせた旬の情報が入手しやすい。ただし本当に必要となる情報はその番組の一部分であり、そのために必要性の低い部分を長々と見ているのは時間の無駄である。

　時間を短縮するには番組を録画して必要な部分だけを見ればいいのである（詳しくは196ページの「録画・録音で時間を圧縮」を参照）。あまり時間がないときは、倍速で再生すれば更なる時間短縮が可能である。

●雑談の中から情報の糸口を探す

　会社や仕事の際の雑談の中にも、アウトドア情報につながる糸口があるはずである。

　例えば休み明けに会社の同僚と休み中にどこに行って何をしたかが話題になるが、その会話の内容にアウトドアに関連する情報が入っていることがあるのだ。

　また、同僚の中にアウトドア好きの人がいれば、その人から自分にない経験を聞くことができる。情報を得るチャンスは何げないところに転がっているものなのだ。

　何か糸口が見つかったら、昼休みにランチでもとりながら、より多くの情報を引き出してみよう。そしてゲットした情報はどんどん手帳に書き込んでおけばいい。もし周囲の目が気になるようなら、トイレの個室でメモすればいいだろう。

　より多くの情報をゲットするには、常にアンテナを四方八方に張り巡らせておき、入手した情報はすぐに書き留めておくことが基本である。

アウトドアって金食い虫？

Theory

●上手に節約する

キャンプというのは何かとお金のかかる遊びなのである。いろんな物が必要となり、それこそ一流メーカーの一級品をそろえれば何十万円もかかるであろう。炭や着火剤、ガスボンベやランタンのマントルなどの消耗品もばかにならないし、キャンプ場代もテントを張るだけで数千円も取る所もある。意外に高くつくのが交通費だ。高速代とガソリン代がすべての費用の中で一番高くつくケースだってある。こうしたコストを上手に節約すれば、楽しむ回数も増えてくるはずだ。

グッズをひととおりそろえるにはもちろんお金がかかるが、自分たちのキャンプに何が必要なのか、何十種類もの選択肢からどうやって選ぶのか、何をどう使いこなせば快適に楽しめるのかといった知識やノウハウを身に付けることにより、必要なコストは随分とリーズナブルになってくる。十分な知識がないままに店員の言いなりや衝動で買った物は、結局自分のスタイルに合わず、使わずにしまってしまう可能性が高い。

たとえ車で行くキャンプだとして

グッズはよく考えたうえで買いそろえる。

も、持っていける物には限界があるし、やみくもに荷物を増やしてもじゃまになるだけである。まずは必要最低限の荷物にまとめることに最大限の知恵を使う努力をしよう。

荷物を減らすことばかり考えて、必要なものを忘れないように。

●事前にコストを見積もる

実際にキャンプをしてみると、何が必要なのかが身をもって分かってくるはずだ。キャンプ場にいるほかの人たちがどのような物を使っているのか観察するとおもしろい。本当に使いやすくよい物は多くの人が使っているのである。ちょっと勇気を出して、ほかのキャンパーに使い勝手を聞いてみれば、よく教えてくれたりする。

また、アウトドアを始めるに際し、どれくらいの予算が必要なのか、毎回のランニングコストはどの程度かかるのか、事前に大まかな費用をおさえておく必要がある。もちろん財布の中身と相談しながらなのだが、最初は慣れていないことやグッズへの初期投資がかかることから、コストは多めに見積もっておいた方がよい。我々サラリーマンにとっては、この初期投資をいかに低コストに抑えるかが重要である。

●1回につきいくらか把握する

回数を重ねるに従って毎回の予算がどの程度必要なのかが見えてくる。1回のアウトドアイベントのために全体でいくら位かかるのかを大枠で把握できれば、細かな詳細は綿密に予算立てしなくても構わないだろう。

中には高速代がいくらで燃料費がいくら、食費が1回につきいくらだから何回でいくら、消耗品代、キャンプ場代……等と予算立てする人もいるかもしれないが、時間に追われていると、そんなに暇ではないだろうし、そこまで細かく計算してもそのとおりにはなかなかいかないものだ。

「こういうことをすればいくら位かかるだろう」とか「毎月の予算はいくらだからこれくらいなら年に何回できる」ということをざっくりとおさえることが、アウトドアを続けていくに際しては大切なのである。

Theory

グッズは実践経験で買い足していこう

●自分のスタイルに合ったものを

アウトドアグッズの購入に一番必要なもの、それはお金ではない。知識でもない。自分の経験と、それに基づいたものを見る目である。そして自分のアウトドアのスタイルに合った物とはどういう物なのか、どんなことがしたいのか等のビジョンをしっかり持つことが大切である。

炭の値段にも差がある。

キャンプの場合、まず最初は家庭用品の流用と100円ショップ、ディスカウントショップなどでの小物や消耗品の購入からのスタートである。これならお金はあまりかからないし、多少いらない物があっても大きく損をすることはない。

大きなグッズはレンタルなどで使ってみる。特にテントはいろんな物を見て使ってみよう。居住性やデザイン、張りやすさや重さなどのほかに、防水性や対風性をしっかりチェックしたい。特に悪天候になればなるほどその良し悪しの差がはっきり出てくるので、とにかく安い物を、という買い方をすると泣きを見ることになる。かといって高い物が必ずしもいいとは限らない。さまざまな種類、価格の物があるので、できるだけいろんな物を試してみよう。

大きなグッズは購入前にレンタルなどで試しておきたい。

少なくともドーム型とロッジ型、タープとの一体型など、異なったタイプの物を試してみれば良し悪しが分かりやすいし、自分の好みやスタイルに合った物を正しく見出すことができる。

●収納性をチェック

もう一つのチェックポイントは収納性である。一般的にアウトドアグッズはかさの高い物が多い。買ったはいいが、かさばり過ぎて車の積み込みに苦労したり、家庭でも置いておく場所がないといったことにならないよう注意したい。もし不要になってしまったらバザーやリサイクルまたはインターネットオークションなどに出そう。それを本当に必要とする人の手元に届ければそのグッズも幸せなはずだ。

●メンテナンス性をチェック

最後はメンテナンス性である。大物アウトドアグッズには、何らかのメンテナンスが必要な場合が多い。自転車やカヌーなどのアウトドアスポーツのグッズは言うまでもない。キャンプ用品でもストーブやテント、シュラフなどメンテナンスが必要な物はある。ただこれが結構面倒くさい。時間のない多忙なサラリーマンにとっては、できるだけメンテナンスに手のかからない物がいい。

経験を積んでくると、必要のない物も分かってくる。キャンプ用品の場合、初めのうちは物がどんどん増えていくが、ベテランになればなるほど自分たちのスタイルに合わせた必要最小限の物にまとまっていく。荷物は少なければ少ないほど、準備にも後片付けにも時間も工数（手間）もかからず、スマートにアウトドアをこなせるのである。足りない物を家にある物でうまく代用するというノウハウと、経験を重ね、頭を使うことで無駄のないスレンダーなアウトドアスタイルを身に付けていきたい。

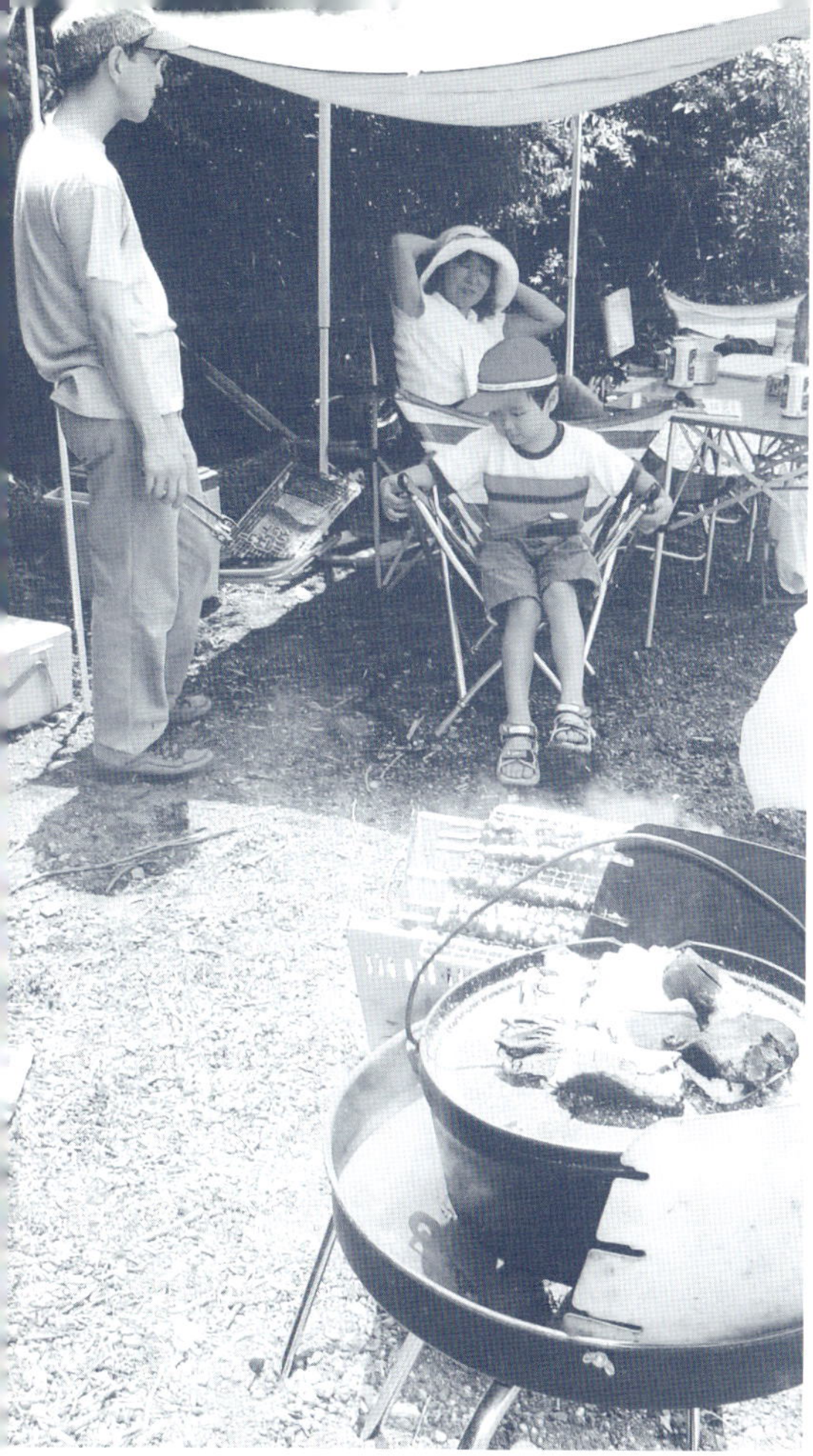
コンパクトでメンテナンスに手のかからない物を選ぶ。

グッズ選びのポイント

●キャンプの基本グッズ

アウトドアグッズといっても分野によって千差万別であるが、キャンプの場合の基本グッズについて考察してみよう。

最近のアウトドア用品は素材や機能の進歩が著しく、軽量でコンパクト、しかも旧来の物に比べ耐久性が高いなど、よい物がたくさん出てきている。だが、そのぶん宣伝文句も巧みになっているのでしっかりと見極めたい。

◆テント

キャンプのベースとなるのがテント。だれでも簡単に張れるようになったが、テントを選ぶ判断基準として、まずは広くて居住性が確保できる物がいい。使用人数にプラス2～4名の余裕のある物が快適である。つまり4人家族で使うのならば、子供も含めて6～8名用のサイズなら快適空間に余裕が生まれる。種類は主にロッジ型とドーム型の2つに分けられる。

【ロッジ型】

ロッジ型テントは欧米で主流の長期滞在タイプで、家型の大型テント。ポールも多く、中も広くてしっかりしたつくりだが、設営に時間がかかり収納

のサイズもかなり大きい。

【ドーム型】

ドーム型テントは登山用から発展した大型テントである。設営も簡単でコンパクトにまとまり、雨風にも高い耐久性がある。

ポイントは、耐水性のあるグラウンドシートが底から壁にめくれあがっている高さにある。これが高いほど、大雨のときに地面を流れる水流に強くなるのだ。

テントの中が濡れるのは、上からではなくて下からの場合が多い。つまり、アウターでカバーできない地上を流れる水をインナーのグラウンドシートでどれだけシャットアウトできるのかということだ。

◆タープ

タープは雨よけや日よけのための屋根のことである。野外にテーブルやイスを置くバーベキューなどの場合、急に雨が降り出した時に片付けている余裕がない。タープがあれば安心である。

これもいろいろな種類が市販されているが、四角形のルーフを6本のポールで支えるレクタングラー型がオーソドックスだ。そして四角形、六角形、または八角形のルーフを2本のポールで支えるタイプがある。それぞれウイング型、ヘキサ型、オクタ型という。

【6本ポールタイプ】

6本ポールの物は居住性に富み、雨風に対しても風上のポールを外して直接ロープで地面に固定することができるなど汎用性も高いが、立てるのに手間がかかり、かさばって重い。

【2本ポールタイプ】

2本ポールタイプは居住性に劣るも

日よけ・雨よけのグッズがあると便利。

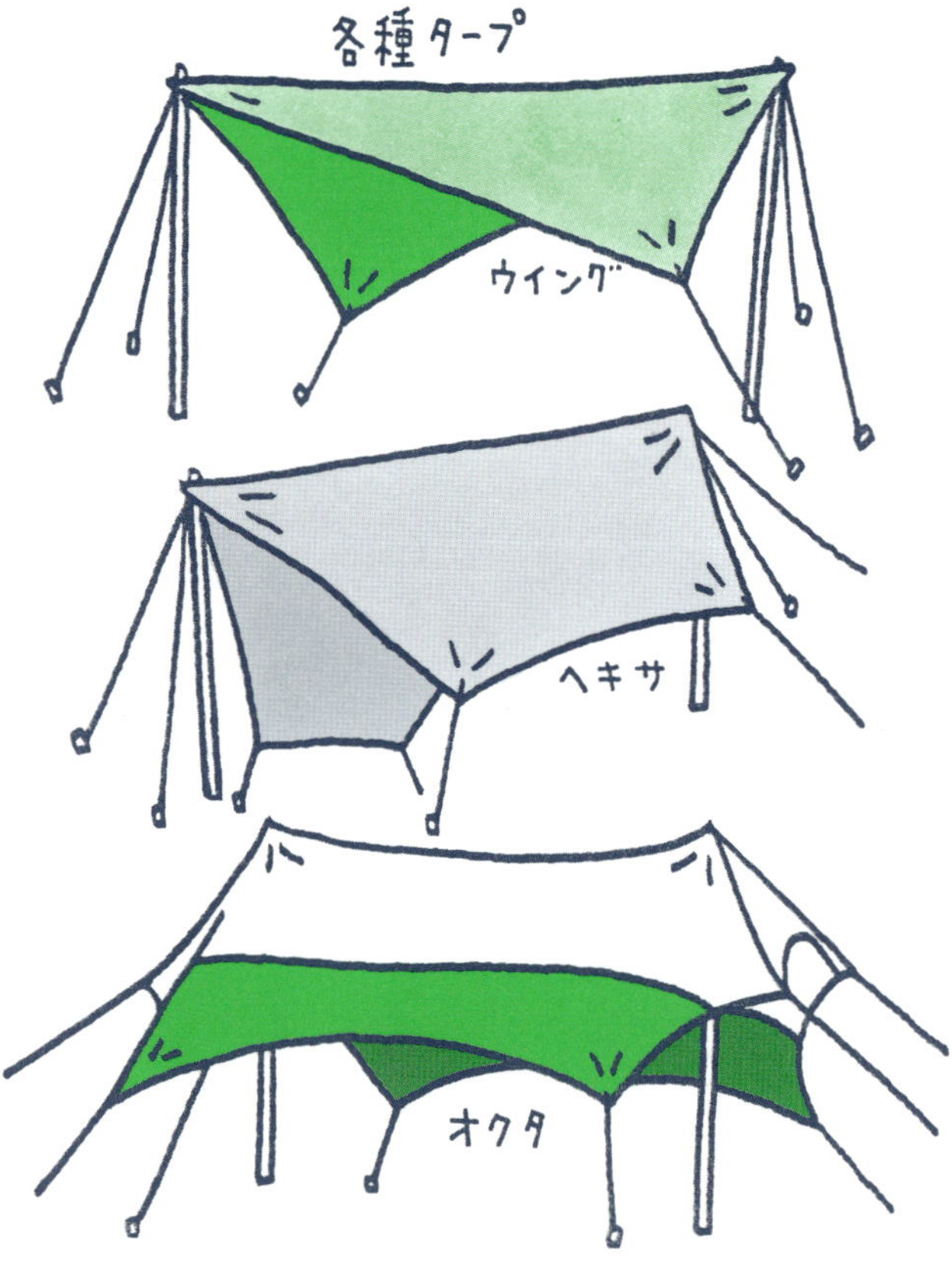

のの、雨風にも強く、収納性に優れている。立てるのも6本ポールよりはずっと簡単である。

だが、もっと簡単なタイプも出てきている。運動会のテントの簡易タイプで、骨組みをパンタグラフのように広げて自立させ、その上にルーフをかぶせるだけでOK。有効面積や収納性ではやや劣るものの、手軽さは群を抜いて素晴らしい。

骨組みはアルミ等で軽い物もあるが高価なうえに風にあおられやすく、スチール製の重い骨組みの物の方がコストパフォーマンスは優れている。

◆シュラフ

キャンプで布団の役割をするのがシュラフ。真夏などの暑い時期にはタオルケットで十分だが、それ以外の時期には必要。タイプはマミー型（ミイラ型）と封筒型がある。

【マミー型】

マミー型は昔から登山で使われている物で、ミノムシのようにすっぽり包みこむタイプで保温性と収納性に優れている。体の自由がきかないことが難点だ。

【封筒型】

封筒型は保温性、収納性ではマミー型に劣るものの、広げれば毛布や掛け布団代わりになるし、ゆったりとしたスペースがあるので、キャンプ初心者でも寝やすい。２つをつなげて奥様と

一緒に眠ることもできる。ファミリーキャンプでは封筒型がお勧めである。

◆ストーブ

燃料によりガソリンタイプとガスタイプ、バーナーの数によりシングルバーナーとツーバーナーに大別できる。火力とランニングコストはガソリンタイプがよく、使いやすさと収納性ではガスタイプが優れている。

ガソリンのツーバーナーとガスのシングルバーナーの組み合わせが一番人気である。食事はツーバーナーで手をかけて、ちょっとお茶を入れたりテーブルの上でお酒のつまみをつくるにはガスバーナーでお手軽に、といったぐあいである。

◆テーブル&チェア

テーブル&チェア一体型があるが、これは使い勝手はいまひとつなのでお勧めしたくない。

【テーブル】

テーブルは同じタイプの物を複数持つと、組み合わせの汎用性が高くなる。スタンドの高さが調節できる物が使いやすい。

【チェア】

チェアはテーブルの高さに合った物を購入すること。背もたれが大きい方がゆったり座れて気持ちいい。100円ショップで売っている折りたたみチェアを足置き用にすると、ボーっと何も考えずに時間を過ごせるので更に快適だ。

いろいろな高さのチェア。

Theory

バーチャルアウトドア

●アウトドアを仮想体験

本当にお金がない時にアウトドアをするにはどうすればいいのか? ネイチャーウォッチングならばほとんどお金をかけずにできる。しかし十分な時間を確保できないことだってあるし、ネイチャーウォッチングに興味がない人だっているだろう。また、何かと出不精になるときもある。やっと時間を確保しても、天候に恵まれないこともよくある。

そんなときはバーチャルアウトドアである。家の中でも通勤途中でも構わない。頭の中でアウトドアをプランニングして、アウトドアを仮想体験するのである。これはTVゲームでバーチャルリアリティーに慣れている世代でも、自分の頭で考え、プランニングしながらイメージを働かせて、仮想現実を組み立てていくことを簡単にうまくできるとは限らない。TVゲームのようにある種無条件に情報が与えられる受動的バーチャルリアリティーとは、ちょっとわけが違うのだ。自分で情報を集め、自由に自分独自のバーチャルリアリティーを創造していく能動的世界なのである。

そしてこのバーチャルリアリティーは実際に体験することが前提であり、

作品の出来不出来によって、現実のアウトドアが楽しいものになるかどうかが決まることとなる。

●イメージを膨らませる

ガイドブックや地図、インターネットや時刻表、雑誌やパンフレットなど、できるだけ多くの情報を入手しよう。情報は多ければ多いほど、よりいろんなイメージを膨らますことができ、プランニングも具体化する。そうすればますます実行してみたくなり、まるで遠足に行く前のワクワクする子供のような気持ちになってくるのだ。

遊びのことを考えるのだから、これは実に楽しい。TVや雑誌などを見ながら、あそこに行ってみたい、あんなことがしてみたいという思いを抱いたら、その実現のために更に資料を集める。そして自分たちの実際の行動を具体的にイメージしながらプランを立て、イメージしたコースを紙の上、もしくは頭の中でたどっていく。

もちろん天候や渋滞、その他各種のアクシデントも忘れずに想定しておきたい。たとえバーチャルの世界でも、効率よくやりたいことができて、うまく楽しめたときには結構満足感が得られるものである。通勤電車の中でガイドブックとにらめっこしながら、一人でニヤニヤしてしまうこともある。

●家族でバーチャルアウトドア

自宅でバーチャルアウトドアを楽しんでうまくプランニングが完結すれば、思わず家族に話したくなる。家族でバーチャルアウトドアの結果を発表しあってもいいだろう。お互いに相手のプランを聞けば、自分では気が付かない不足部分が分かる。

お酒を飲みながらでも、ベッドの上でゴロゴロしながらでも構わない。いざ、バーチャルアウトドアへ出かけてみようではないか。

Theory

地図の中にトリップする

自然をよく知ること

バーチャルアウトドアは手軽にいつでもどこでもできるため、結構ハマッてしまう場合がある。小生などは、通勤時間のみならず、昼休みや時には仕事中もバーチャルの世界にトリップしてしまうことがある。

一番楽しいのは地図とにらめっこしている時である。特に山歩きやMTB、XCスキーのバーチャルリアリティーは実に楽しく奥が深い。

スポーツにおいて、大切なことは相手をよく知ることだといわれる。アウトドアの場合の「相手」とは自然であり、大地である。そのアウトドアフィールドを詳細に教えてくれるのが地図なのだ。

マップリーディングをしっかり行い、プランニングすることが実際のアウトドアの成功につながり、より深い更なるアウトドアの楽しみを無限に広げていくのである。

地図の読み方

まずは地図の読み方の基本について見てみよう。

山歩きやMTB、XCスキーの場合、一番肝心なのは等高線の読み取りである。特に急な傾斜が続いたりするコースは、山歩きなら何とかなるかもしれないが、MTBでは担いで登り下りすることが多くなり、好ましいコースで

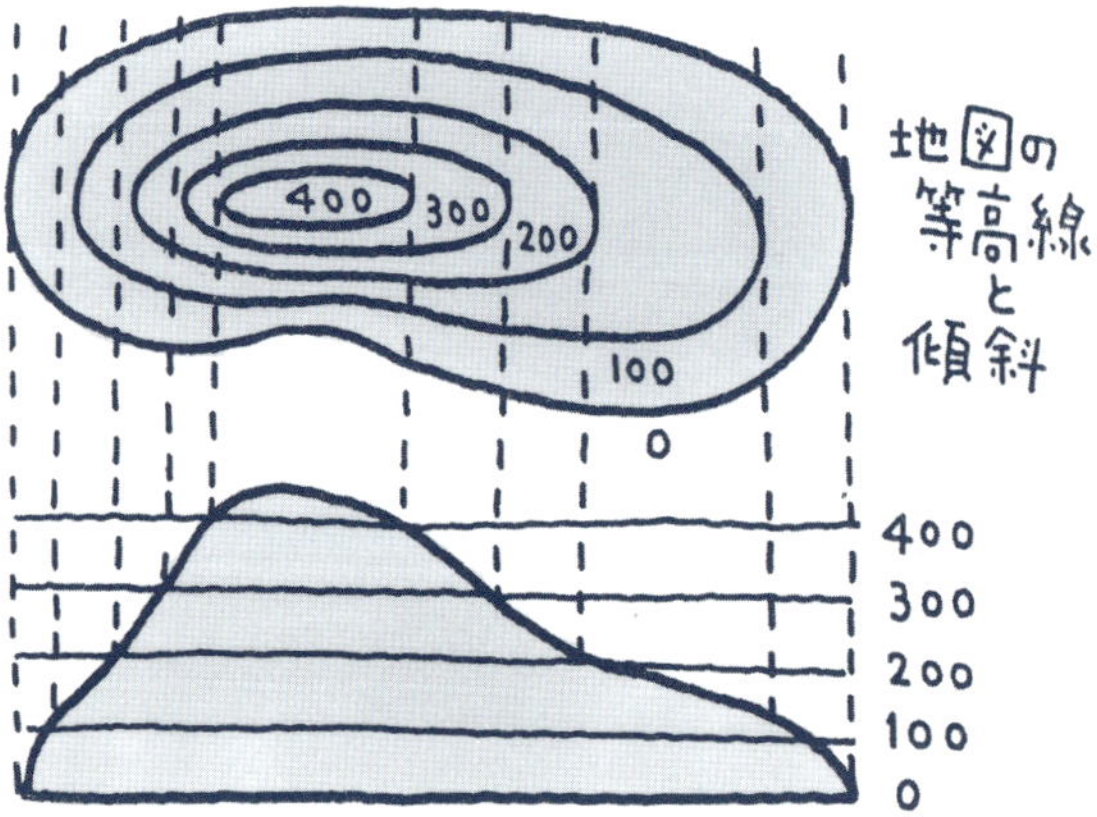

地図を見ながらどんなルートになるか想像してみる。

はないだろう。ましてXCスキーならば、板を脱いで担ぐうえに、雪をかき分け、もがきながら歩くこととなり、これでは楽しくない。

等高線はその一本一本が接しているほど坂が急で、離れているほど緩やかであることを示している。自分や家族・仲間たちのテクニックのレベルにもよるが、MTBやXCスキーの場合は、なるべくなら等高線の横切る間隔が離れていて、傾斜の緩やかなコースの方がだれにでも楽しみやすい。

それからスタートとゴール、休憩地点や山頂、途中の池や小川などのポイントとなる場所の標高をしっかり読み込み、次のポイントとなる地点までの標高差を把握しておく。距離と標高差で傾斜の度合いも分かるので、それに合わせた衣類の調整や、水分・エネルギーの補給についても忘れずに考慮しておこう。

等高線と距離を見ながら自分や家族たちの疲れ具合などを計算に入れて、各々ポイント地点間のペース配分も想定しておく。

●タイムスケジュール

次にタイムスケジュールである。それぞれのポイントとなる地点への到着時間と出発時間を地図上でプランニングするのだ。もちろんたっぷり余裕を持つことが大切である。

スケジュールは余裕を持って。

◆山歩きの場合

山地図にはコースタイムが書いてあるが、山歩きならその1・5倍程度を見込んでおけば、万が一トラブルが起こった場合にも対処できるし、時間が余りそうならば、景色のいい所でゆっくりしたり、時間をかけて食事を楽しんだりすることもできる。

◆MTBの場合

MTBの場合、登りは山地図のコースタイムの1・5~2倍の時間を見込む必要がある。下りでもコースの状況などによってMTBに乗れなかった場合、担いで降りなければならない事態が発生しやすいため、少なくともコースタイムと同等の時間を見込んでおく必要がある。

◆XCスキーの場合

XCスキーの場合は、登りも下りも山地図のコースタイムの1・5~2倍の時間を見込んでおく。さらに全体のスケジュールを短めに設定し、天候の急変や寒さによる体力の消耗、日没などを考慮して、トラブル時にはショートカットや引き返しやすいコース設定にしておく。家族や同行するメンバーの体力も考えながらプランニングすれば、より現実味が増すのである。

休憩ポイント、タイミングも考えておく。

●地図から景色を想像する

山頂や峠、池や沼などビューポイントでは、地図の上から景色を想像してみよう。

例えば、「北東には○○山の切り立った断崖が見え、南には○○山越しに富士山が見えそうだ」「○○沼の湖面には○○岳の残雪が写ってきれいに見えるだろうか」「このルートのこのあたりにはお花畑があるから〇〇の花が可憐に咲いているかもしれない」などまだ見ぬ風景に心は躍る。

地図の上でバーチャルアウトドアを十分に楽しんでおけば、実際のフィールドに出かけた時もバーチャルと現実の両方が楽しめる。進んでいく先には何があり、トラブルが起きた場合にはどうすればよいのかということが事前に頭に入っているため、精神的にも肉体的にも余裕が生まれる。アウトドアにより没頭できるのである。

地図の中にトリップすることで、限りなく現実に近いアウトドアの楽しみを、日常生活の中にいながらどっぷりと味わうことができる。これぞお金のかからない究極のアウトドアかもしれない。

●パソコンでバーチャルトリップ

実際これらのバーチャルアウトドアをパソコンで実現してくれるソフトもある。「カシミール３Ｄ」などが有名であるが、パソコン画面で地図の上をクリックすれば、そこから見ることのできる風景が画面上に現れる。３６０度のパノラマ展望や衛星から見た鳥観図、地形の断面図などが楽しめるし、ルートのナビゲーションやデータの記録、編集などさまざまな活用が可能な優れものである。

また、風景を画面上に出し、それをＣＧで自分の好みに編集することもできる。手前に高山植物の可憐な花を咲かせ、谷沿いには残雪を陽光に輝かせ、そこに家族の写真をはめ込んで遠景はフォーカスでボカシを入れる、というような具合に作品をつくって見せれば家族で盛り上がれるし、家庭内でバーチャルアウトドアを楽しむことだってできるのだ。

子供でも行けるルートか検討する。

Theory

天気の予測を楽しむ

●勘を身に付ける

サラリーマンにとってアウトドアは基本的に休日であり、その天気は上司の顔色、または奥さんのご機嫌と同様に非常に気になるところだ。アウトドアの楽しさは天候が左右すると言っても過言ではない。当然のことながらTVや新聞、インターネットでこまめにチェックが必要だ。

不良サラリーマンである小生は、毎週のようにアウトドアを楽しみ、毎日週末の天気予報を細かくチェックしている。長年綿密にチェックしていると、予報の勘が身に付くものである。おおむね公表される天気予報は、特に週末は国民に恨まれないよう、にわか雨があるだろうとか、雨が長引く、または降り出しが早いとか、何かと悲観的予報になりがちである。

勘が身に付いてくれれば、かえってこの悲観的週末天気予報はありがたい。予報がよければ出かける人も増え、渋滞も激しくなるが、悪ければその逆となる。特に前日が雨で当日の朝も雨、しかし翌日の予報は回復、といった状況が理想的だ。当日出かけるときは雨でも、フィールドに着くころには上がり、遊び出すころには陽が差していたりする。台風の直後などは急速に天候

山の天気は変わりやすい。

が回復するので特にチャンスだ。

最近の気象情報は精度が上がり、ネットでみれば市町村別、時間別に天気予報が入手できるので、まず最初はそれを利用する。

●出発直前の予想を立てる

次にTVやネット上でも予想天気図や1～2日先の雨の範囲の予想動画があるが、これで自分の目的地を凝視し予測を立てる。しかしこの予想動画も雨の範囲を大げさに表示してあるケースが多い。頻繁に見ていると大体の傾向が分かり、勘が身に付いてくるものだ。晴れ男への道でもある。

そして、直前になれば現地の天気予報を携帯サイトや電話で確認する。当該市町村の市外局番＋177である。1日数回、地元の気象台が予報を更新しているので、更新時間の直後に電話すれば最新情報が得られる。

その際、降水確率だけでなく概況をよく聞き、頭に入れておく。自分でフィールドでの降水確率を予測するのだ。実際の天気を自分で予測して行動を決めるのはギャンブル的な楽しみもある。

●観天望気を行う

いざアウトドアフィールドに出てからは、天気予報をベースにした自分の勘に加え観天望気を行おう。

観天望気は、最後にフィールドで雲や空を自分の五感を駆使して観察し、自分が立っている場所の半径4～5km以内、半日～1日以内の天気を予測するのである。日本は偏西風帯にあるので天気は原則西から変化する。原則的に西の空を注視する。また、「カエルが鳴くと雨」といった昔からの言い伝えも、湿度の上昇にカエルが敏感に反応した結果であるなど、ちゃんと科学的根拠に基づいたものも多い。

最近は高度計の付いた時計に、数時間後の天気を予測する機能が付いたタイプがあるので、これがあればぜひ参考にしたい。アウトドアでの天候は奥様、子供の機嫌にも直結するので、あらゆる手段を駆使して予測しよう。

Father's Note

観天望気のチェックポイント

■雲による観天望気

雲名	別名	予報	備考
絹雲	すじ雲	1日後は雨	低気圧の最前線の雲
絹積雲	うろこ雲	半日後は雨	低気圧第二段の雲
高積雲	ひつじ雲	半日以内に雨	ただし東から西への移動は回復
高層雲	おぼろ雲	3〜4時間で雨	春によく現れる
乱層雲	雨雲	雨が降り出す	すぐに撤去して帰ろう
層雲	霧雲	山膚上昇で晴れ	停滞しているうちは回復しない
積乱雲	入道雲	1〜3時間で大雨	夕立、雷雲

■その他の言い伝え

言い伝え	実際
太陽や月がカサをかぶると雨	絹層雲がかかり半日後に雨
猫が顔を洗うと雨	湿度上昇でノミが活発に動き出す
魚が跳ねると雨	湿度上昇でエサの虫が低く飛ぶ
ツバメが低く飛ぶと雨	同上
朝焼けは雨	大気中に水蒸気が多い
夕焼けは晴れ	はるか西方が晴天
クモの巣の水滴は晴れ	放射冷却の結果でその日は晴れ
トンビが高く舞うと晴れ	高層の大気が安定している

PART 5

アウトドアライフをつくる時間術

「時間がない」とあきらめてはいませんか？
時間をつくるコツ、お教えします

Practice

早起きして時間をつくる

●日常生活をコントロール

我々、サラリーマンは忙しい。会社では日々仕事に追い回され、家では家族にここぞとばかりにいろんなことを押し付けられ、一体自分の時間はどこにあるのだと思うこともしばしばである。アウトドアを楽しむどころか、その準備やプランニングの時間すらなかなか確保するのが難しいのが現状ではないだろうか。

しかし、この「時間」というのは上手に使えば使うほど、多くつくり出すことができる。忙しくて時間がとれないことを言い訳にして何も努力しなければ、いつまでたっても自分の時間を確保できなくなってしまう。時間は有効に使わなくてもどんどん減っていくものなのである。

自分で日常生活を積極的にコントロールすることで時間をできるだけ多くつくり出し、アウトドアの準備などのために使う時間を貯蓄して活用していこうではないか。

●早起きが時間貯蓄の第一歩

日常生活における決まりきった日課や習慣は、何となく時間が流れてしまいがち。しかし実はそこに時間を貯蓄するためのもととなるネタがゴロゴロ転がっている。

朝は少しでも長く布団に入っていたいものだが、まずは早起きすることから始めよう。皆さんもアウトドアで見る夜明けの光景の素晴らしさはご存じだろう。その感動とそう快感を味わうためなら、早起きはさほど苦にはならないはずだ。普段から毎日味わえるよ

うに早起きすれば、時間の貯蓄につながる。昔からいうように「早起きは三文の得」なのである。
夜明けの時間が無理なら、せめていつもより1時間、たとえ30分でも早起きしてみる。それだけでも新鮮な一日の始まりのそう快感を味わえるし、早起きした分、自分の時間を気持ちよく確保できるのである。また、早起きすることにより、毎日の生活のリズムをきびきびとさせることができる。

●サマータイムを家庭に導入

ライフスタイルの見直しという点で国を上げて取り組んでいるのが世界の先進国のほとんどを含む70カ国以上で採用されているサマータイム制だ。サマータイム制とは日照時間の長い夏の間、国の時間を1時間早め、朝と夕方の明るい時間を有効活用することにより、さまざまなメリットを生み出すというものである。

主に省エネルギー対策の一環としての意味合いが強いが、時間の有効活用という観点であなた自身、できればあなたの家族からサマータイム制を実施してみてはいかがだろうか。

しかしせっかく早起きしても、出勤までの時間をダラダラ過ごしてしまっては意味がない。時間を区切って、アウトドアのプランニングや情報収集など自分のために有意義に使おう。

録画・録音で時間を圧縮

●日課・習慣を効率よくこなす

早起きして自分の時間を確保することができたら、さらにその後の日常生活の日課や習慣を効率よくこなすことを意識しよう。

例えば会社勤めのサラリーマンならば、朝一番のフレッシュなニュース情報を入手しなければならないが、これは録画や録音を活用することで時間短縮ができる。

朝のニュース番組を30分なり1時間なり録画しておき、それを朝食を取りながら倍速で再生して見るのである。もちろん必要なニュースは通常のスピードに戻して再生して見ればいい。普通にTVを見ている場合と同じ時間を使って倍以上の情報を入手することが可能となるのである。

●通勤時間を活用する

電車やバスで通勤しているサラリーマンは、通勤時間に新聞や雑誌を読む以外にも、ポータブルMDプレイヤーやボイスレコーダーなどを活用すれば時間の有効活用に使える。語学の勉強に最適だし、ラジオ番組などを録音しておいて情報入手もできる。疲れたら好きな音楽を聴くなどしてリフレッシュすればいい。

音声だけでもほとんどの情報は入手できる。場所も選ばないので外で朝食を取る場合でも使える。もちろん時間を短縮するために必要なところだけ聞くようにする。

ほかにも電車やバスを待つ間に携帯電話のネット機能の活用でニュースはチェックできるし、さまざまな情報、

もちろんアウトドアに関する情報だってゲットできるはずだ。仲間に週末のスケジュールをメールで送ることもできる。

　この通勤時間を仮に片道45分として計算すると、1日1・5時間、1カ月で33時間、1年では400時間近い時間を通勤時間だけで費やしている。この時間をうまく有効活用すれば時間の貯蓄は大きく進むのである。

●帰宅後の時間の過ごし方

　せっかく仕事が早く終わって家に帰ってても、ダラダラTVを見ていては時間がもったいない。見たい番組は録画しておけばいつでも見れるし、倍速再生を活用すれば時間を節約できる。または再生時に音声だけを楽しみながらほかのことをし、見たいところだけ画面を見るといった芸当も可能となる。

　一人暮らしなどで毎日家事をする人にちょっと役立つポイントを紹介。

・風呂に入った時に洗濯をする。
・夕食を準備する際には翌朝の朝食（場合によっては昼食のお弁当の準備も！）と合わせて準備する。
・買い物は1週間程度まとめ買いをしておく。
・掃除や洗い物はためない。

時間の節約例
風呂に入った時に洗濯
掃除や洗い物はためない
買い物はまとめて…
夕食と翌朝の朝食を一緒につくる

　これらはほんの一例だが、徹底して時間が無駄にならないように心がけ、自分の時間を貯蓄できればアウトドアという目標に向かってささやかな進歩を感じることができる。心も前向きになり、更に効率よく時間がつくり出せるのだ。

Practice

いかにして渋滞を避けるか

渋滞は
ついイライラ
してしまうもの
イラ
イラ
イラ
イラ

●渋滞回避に貪欲になろう

小生は渋滞が大嫌いだ。好きだという人はいないだろうが、ほとんどの人は仕方なしとあきらめて、気長に、またはイライラしながら渋滞の解消を待っているのだろう。

せっかく苦労してやりくりした貴重な時間を、渋滞の中で長い間浪費することになり、なおかつ高速道路代まで払うなんて、こんなにばかげたことはないじゃないか！　諸般の事情はそれぞれにあるにしても、あっさりとあきらめるにはあまりに代償が大きい。

アウトドアをより楽しみたいのならば、渋滞を回避することにもっと貪欲になろう。渋滞を徹底的に回避する工夫と戦略、更には回避するための勘を身に付ければ、時間の浪費は避けられフィールドで楽しむ時間を増やすことができる。

●土日の下り

アウトドアフィールドに向かう高速道（下り）の渋滞はだいたいパターンが決まっている。要は渋滞が発生する前に通過してしまえばいいのだ。まずはどこで渋滞が発生するか、そのポイント（発生場所）をおさえよう。

インターネットなら日本道路交通情報センターなどのホームページから情報入手できるし、携帯サイトでも検索

SAで朝食をとりながら休憩。

できる。

首都圏の土日のほとんどの渋滞は午前6時台に発生している。午前7時台ならまず間違いなく渋滞にはまってしまう。仮に午前6時台に距離的に一番遠い発生ポイントの渋滞にはまったとしても被害は小さいはずだ。ただ午前7時を回るとすごい勢いで渋滞はグングンと距離を伸ばしていくので、何が何でもそれまでに渋滞発生ポイントを抜けることが重要である。

渋滞発生ポイントは首都圏の場合、東名道なら横浜町田ＩＣ（インターチェンジ）先４kmの大和バス停付近、中央道ならば大月ＩＣ付近、関越道は花園ＩＣ付近である。東北道と常磐道は普段の土日ならあまり大きな渋滞にはならない。

一般に土日の下りは日曜日よりも土曜日の方が渋滞が激しく、解消にも時間がかかる傾向にある。出発前日までに荷物は車に積み込んでおき、準備万全の状態で早起きしよう。道路や日によっても差はあるが、午前6時台にすべての渋滞発生ポイントを抜けるのがセオリーである。

朝食は渋滞発生ポイントを通過してから取るか、お腹がすくようなら車内で食べられる物を事前に準備して持っていこう。

●土日の上り

帰りは帰りでまた渋滞がつきものである。こちらも朝早くに現地を出発すれば渋滞にはまる可能性は少ないが、それではアウトドアで十分に楽しむ時間が取れない。帰宅時間に制約がなければ、まずは上りの渋滞解消のポイントとタイミングを押さえておきたい。通常の土日では発生は午後3～4時ごろからで、ピークは午後6時半～7時

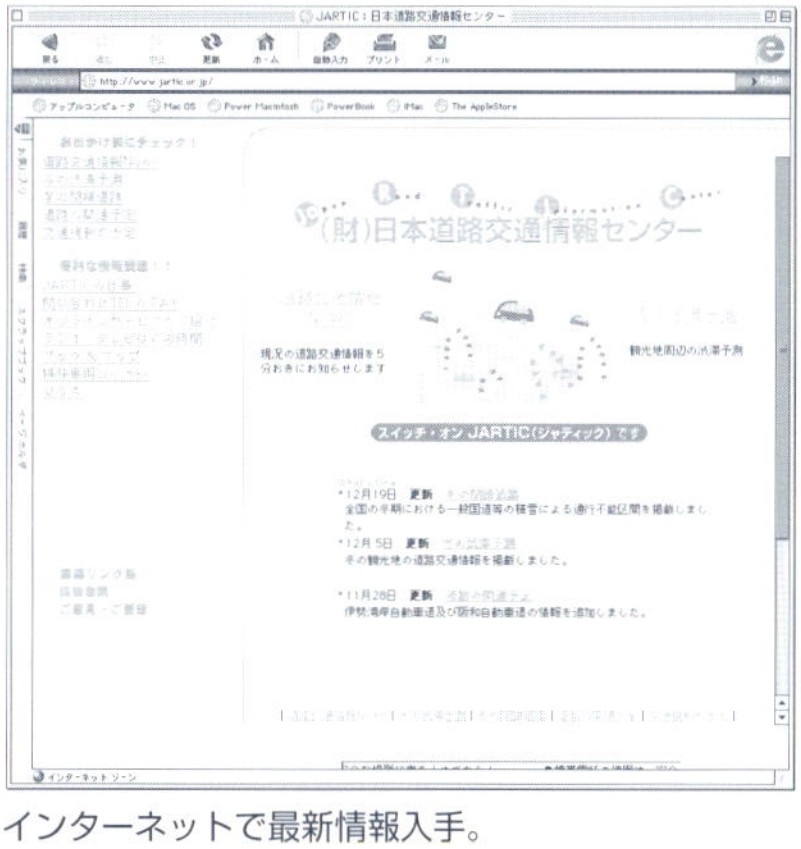

インターネットで最新情報入手。

頃となる。午後7時半を回れば解消の方向に向かい、午後9時を超えると急速に解消する場合が多い。

アウトドアを日没まで楽しみ、近くに温泉があれば利用して疲れをゆっくり癒す。近くに温泉がなくても、帰り道の途中どこかにあれば寄って行けばいいのだ。更にレストランなどでゆっくり夕食を取る。その間に渋滞のピーク時間は過ぎ、徐々に解消に向かうのである。

疲れもとれて、食事で力をつけたら、モバイルネット（携帯サイト等）やラジオ、カーナビなど渋滞状況をこまめにチェックしよう。もちろん電話で道路交通情報を問い合わせるのも確実な方法だ。

ただ下りの渋滞の発生パターンは上りほど規則性はなく、高速道によってもマチマチである。こまめな情報チェックで柔軟に時間調整をして渋滞を回避しよう。また帰りの渋滞は、土曜日よりも日曜日の方が発生も早く、解消も早い傾向にある。

●連休の下り

GWや盆暮れ正月、3連休などの大型連休の場合は、普段の土日とはわけが違う。並大抵の対策ではとても回避できないし、どんな対策をとってもダメなこともある。

早朝の午前5時や4時台でも渋滞は発生する。午前2時、3時なら大丈夫だろうが、そこまで早いと、肝心のアウトドアを十分に満喫できなくなってしまう。

モバイルネットで渋滞情報収集。

宿泊ができるSAもある（写真提供：JH）。

ではどうすればいいのかといえば、前の晩に渋滞発生ポイントを通過するのである。夜中にテントを張るのも一案だが、翌日の疲労を考えると疲れやすいサラリーマンには得策ではない。地方のビジネスホテルを事前にとっておくのも一手である。

　また高速道のSAに宿泊施設があるところもある。例えば東名道の足柄SAや名神道の多賀SAなどがあるが、日本道路公団のホームページでチェックしてみよう。ただしいずれの場合も早いタイミングで予約を入れておく必要がある。

●連休の上り

大型連休の帰りは、午前中に戻ってくるしか渋滞は避ける方法はない。連休の最終日前日に帰路につき、途中のビジネスホテルなどに宿泊、朝一番で戻ってくればまず大丈夫である。アウトドアフィールドがそれほど遠方でなければ、最終日の朝に撤収して午前中に帰ってくれば、大きな渋滞にははまらずにすむ。それ以外の時間はどうしても大渋滞のリスクは大きく、覚悟が必要だ。

　ただし週末であれ連休であれ、あくまでもこれらは一般的な傾向であり、目安である。季節や気象によっても状況は変わってくるものだ。

　渋滞中は事故なども増え、事故が発生すればさらに状況は大きく悪化する。日本道路公団のホームページで渋滞予想を事前に確認しておき、当日は頻繁に交通情報を入手して柔軟かつ機敏に対応できるように努力しよう。そうすることで渋滞を避ける勘が養われていくのだ。

情報ターミナルで広範囲な情報が得られる（写真提供：JH）。

Practice

渋滞すり抜けテクニック

●レーンの選定

車線変更する時は後ろの車に十分注意する。

前述の「いかにして渋滞を避けるか」（198ページ参照）でも触れたとおり、天気と同様、渋滞の完全な予測は不可能である。また、家族や仲間たちの都合で渋滞回避の時間にスタートできないことだってある。不幸にも渋滞にはまったときどうすれば少しでも早くアウトドアフィールドに着けるか、いくつかの小技を紹介しよう。

高速道路上ではまずレーンの選定である。複数のレーンが常に同じ速度で同じ距離だけ進むわけではない。ずっと一つのレーンにいても、別のレーンと結果はほとんど同じであることが多いが、タイムラグをおいてバラバラと進むことが多々あり、それを利用するのである。自分のレーンが一通り進んで止まれば、別のレーンが仮に止まっていても、タイミングをみてそこに移動する。そしてそのレーンがある程度進んで止まれば、また別のレーンに、と繰り返す。常に進んでいるレーンをキープすることで、1つのレーンにじっとしているよりは早く進む。

●IC付近

次にIC付近である。ICまで2kmの看板を通り過ぎたら、一番左のレーンに移動する。ICから出る車で流れ

さまざまな情報板を見て安全な運転を心がけよう（写真提供：JH）。

図形情報板では渋滞情報が一目瞭然（写真提供：JH）。

がよくなるからだ。ただしそのICが出口渋滞していないことが前提である。分岐を過ぎてもそのレーンを確保しよう。ICから入ってくる車を避けてそのレーンにはほかのレーンから移動する車が少ないので、かえって合流までは流れがよくなる。

ICからの合流で流れが悪くなりそうでも、実際に合流する寸前まで耐えてそのレーンをキープし、直前で一気に追い越しレーンに移動する。もしくはちょっと根性と度胸があれば、逆にICからの合流レーンに出るのである。合流レーンからはできるだけ一番先端まで行ってから本線に再合流するのである、IC付近のテクニックを上手く使いこなせば、何百メートルかは稼ぐことができる。

PA・SA利用のワープ走法もある。PA・SAに入る車で入口渋滞していなければ、PA・SAに入ってしまおう。もちろん駐車エリアには行かずエリア内を本線に沿って進むのである。そして本線への再合流は合流レーンの先端からである。これでまた何百メートルかは稼げる。

●料金所

料金所もゲインできるポイントだ。料金所手前1、2㎞からは、原則一番左のレーンが進む。通常料金所は、本線進行方向に対し左側へ大きく膨らんでおり、ほかのレーンより流れがスムーズになる。料金所ゲートも一番左を目指そう。ただし単車が多い場合、彼らは通過に時間がかかるので左から2番目のゲートにする。できれば大型トラックやバスの多いレーンを選ぼう。彼らはプロであり流れのよい場所をよく知っているし、一台分の時間で乗用

料金所のゲート選びで時間を稼ぐ（写真提供：JH）。

車2、3台分進むため、更に流れがよくなるのである。

●合流の活用

もう一つ、合流の活用である。事故での車線規制や3車線から2車線への減少、支線の合流地点などであるが、原則的に合流する側がされる側より進みがよい。合流する側で最末端までねばってから本線に入り込むのだ。ETCの装着もお勧めである。前払い割引制度で料金もリーズナブルだが、何よりもごった返している料金所を非装着車よりは数分早くノンストップで通過できるので気分がいい。

各高速道の各ポイントにはそれぞれに早く進めるパターンがあり、そのパターンを覚えて積極的に進めば渋滞突破に結構な差がでてくる。ちなみに車2台で1・5時間程度の渋滞に突っ込み、30分以上の差が出たことも実際にある。

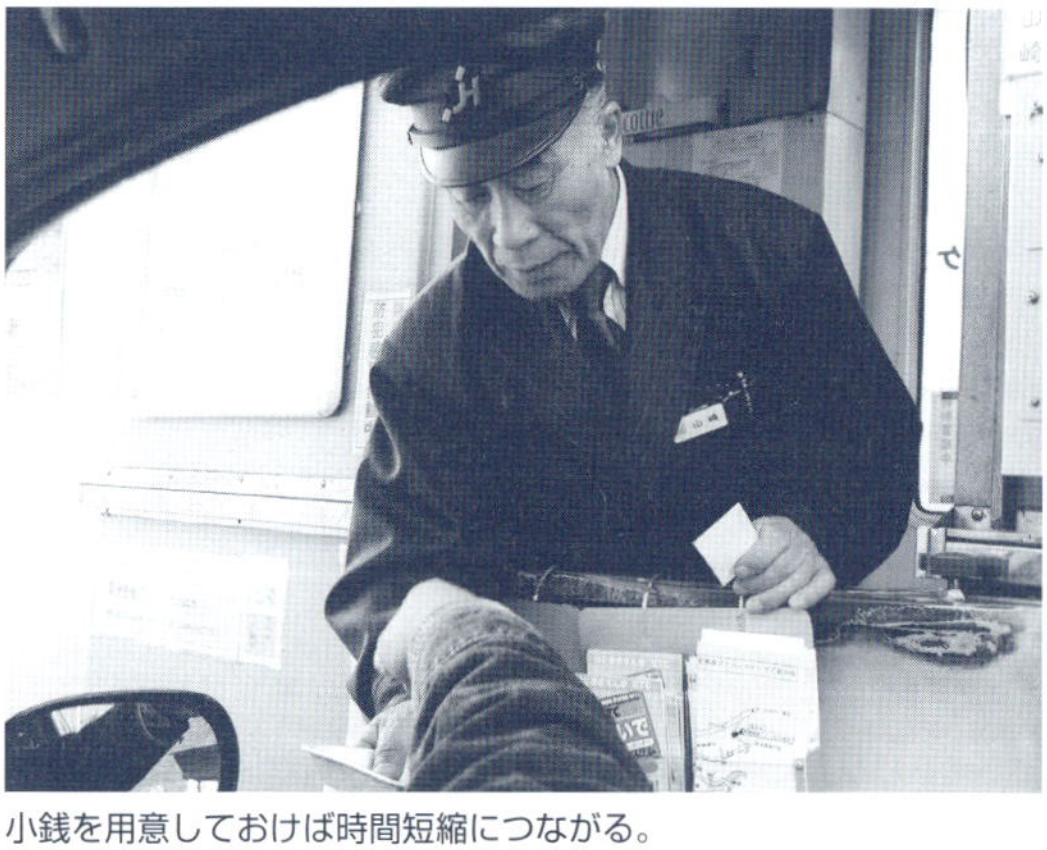
小銭を用意しておけば時間短縮につながる。

●渋滞時、高速道路か一般道か

渋滞20kmとか断続で30kmとか、更にその先で15km、10kmと聞くとだれでもうんざりするはずだ。そんな場合、そのまま高速道に料金を払って乗り続けるのか、それとも高速道を出て一般道で進んだ方が早いのか（料金は確実に安い）。なかなか判断に迷うところである。しかしこれもいくつかのパターンがある。

◆高速道の方が早いケース

都会からあまり離れておらず、一般道も都会や人口の多い郊外を通る場合は、原則として高速道をキープしよう。都会の一般道は込んでいて高速道より時間がかかる場合が多い。ただし中央道のように2車線の道路は流れが遅いため、早朝午前8時頃までは一般道の方が早いケースもある（甲州街道は込むのでほかの道を使うこと）。3車線の自然渋滞ならば高速道の方が一般的に早い。

◆一般道の方が早いケース

連休の大渋滞の時などは、都会から離れていて一般道が田舎道の場合は、高速道から出よう。一般道を選ぶ際に、は、高速道と平行して走っている幹線道路は、高速道から流れてきた車で込むことが多い。カーナビの活用や同乗者に地図をしっかり見てもらい、幹線道路が渋滞したら、すぐにほかの田舎道や住宅街の中を抜けよう！　遠回りになったとしてもマイナーな道路を選んだ方がよい。田舎のマイナーな路は滅多に渋滞しないし、その方が絶対に早いのである。

事故渋滞は自然渋滞に比べ、流れが極端に遅くなる。1620kHzの高速道路情報を聞けば、何時頃に起きた事故であるか、また渋滞通過予想時間がアナウンスされているので必ず聞いておく。事故処理が終われば渋滞は一気に解消することがあるので、そのまま高速道に乗り続けた方がよいが、それ以外の場合は出た方が早い。

一般道か高速道かの選択は慎重に。

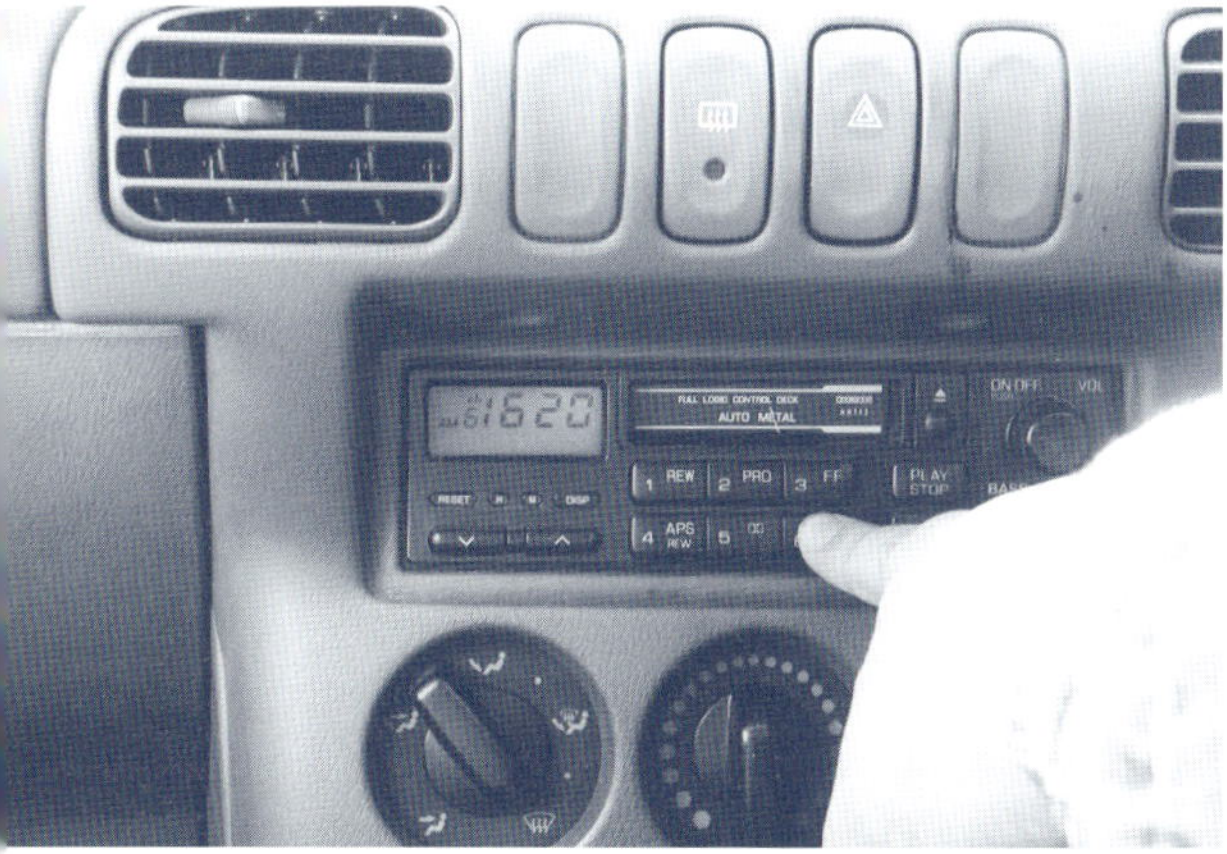

ラジオの情報も有効。

Practice

鉄道プラスレンタカーで渋滞なし!

●日本の鉄道は時間が正確

まだまだ車は高価であり、税金や駐車場、維持費もばかにならない。車を持たないというのも賢い選択の一つであろう。必要に応じてレンタカーを借りたり、友人の車に同乗させてもらったり、親の車を借りたりと、自分の車を持たなくてもアウトドアを楽しむ方法はいろいろある。でも人に世話をかけずに楽しみたいのなら、鉄道プラスレンタカーがスマートである。

日本の鉄道は時間が正確で、滅多なことでは大きく遅れたりすることはない。間違いなく世界中で最も時間に正確な交通手段である。欧米の先進国の鉄道ですら遅れることがしょっちゅうなのだ。事故でもないのに、電車が遅れたことがニュースで報道されるのは日本ぐらいのものである。

●鉄道プラスレンタカーの活用法

鉄道会社もあの手この手でいろんな商品を開発し、周遊パックや割引料金の設定など選択肢が増え、便利になってきた。しかし、当然それらを利用する人も増えているので、座席を確保するために指定席を取るか、早めに駅に行って並ぶ必要もあるだろう。

鉄道はできるだけアウトドアフィールドの近くまで最大限活用したい。そうすれば渋滞のリスクを避けることができるし、車を運転する疲れも少なくてすむからだ。ただし、現地近くの駅でレンタカーを借りられるかどうかは事前に確認し、レンタカー会社に予約をしておく必要がある。

今や観光地や地方の主要駅のほとんどでレンタカーを借りることができる。またJRなどではレール&レンタカーのセット商品も扱っているので活用しよう。

●荷物をどうするか

一方、問題は荷物の運搬である。荷物のかさ張らないアウトドアなら問題ないが、MTBやカヌーとなるとそのまま持っていくのは難しい。ならばそれらもレンタルすればよいのである。もちろん、車内に折りたたんで持ち込める自転車やカヌーを使うのも一手である。キャンプ用品一式ならば荷物を別途送付すればいいのだ。

宅配ビジネスのサービスは非常に便利になっている。指定した時間帯に取りに来てくれて、1～2日以内で必要な時間までにちゃんと届けてくれるのだ。宿泊先に送付してもいいし、レンタカー会社気付けにしておいても大概快く引き受けてくれる。出張の多いサラリーマンの中には、休み前にちょうど出張の場合、出張先近くにフィールドを定め、そのままアウトドアに突入なんてことをしている人たちも結構いるのである。

また、この方法を使えば鉄道だけでなく飛行機を使うことも可能だ。北海道や九州にもひとっ飛びである。荷物は事前に送っておいてレンタカーを活用し、雄大な自然の中でアウトドアを満喫しよう。

アウトドアでの時間確保の最大の障害となるのが渋滞である。渋滞のリスクから開放されるこの作戦、特に大型連休などで大きなアドバンテージを生み出すことができる。

Practice

短時間で世界が広がるサイクリング

●サイクリングは創造のスポーツ

サイクリングとは創造のスポーツである。「いつでも」「どこでも」「だれとでも」「どのようにでも」自分で、自分たちで楽しみを創造していくことができる素晴らしいスポーツでありアウトドアなのである。

「いつでも」＝春夏秋冬、季節を選ばず、更に朝昼晩と時間を選ばない。

「どこでも」＝家を一歩出ればすべてがフィールド。たとえ家の中でも自転車をつくり眺める楽しみがある。

「だれとでも」＝一人でも二人でも、家族でもグループでもクラブでも、たとえ１００人、１０００人でもサイクリングはできる。

「どのようにでも」＝スタイルはロードレーサー、ＭＴＢ、ＸＣレーサー、ランドナー、ＢＭＸ、ミニサイクルなどさまざまであり、マナーを守ればルールに縛られずに自由に楽しめる。

サイクリングは時間のない人でも無理なくマイペースで思い思いに楽しめる創造性の高いアウトドアの一つなのである。

●ＭＴＢで短時間アウトドア

ＭＴＢはサイクリングの初心者や、多忙でまとまった時間が取れない人が、たとえ短時間でも気軽に乗ってアウトドアするのに適している。ＭＴＢは、１９７０年代にアメリカで生まれた比較的新しいスタイル、コンセプトの自転車。野山を奔放に駆け巡ることを目的につくられているためだれでも

同じ自転車でもMTB（右）とロードレーサー（左）では大きく異なる。

簡単に乗ることができる。格安ＭＴＢは本格的にオフロードや山中を走るには若干無理があるが、時間もお金もないサラリーマンのご近所お手軽アウトドアにはピッタリである。

サイクリングはウォーキングよりも行動範囲が広く、あちこちの自然を観察して回るにはＭＴＢでちょいちょい乗りまわすのがいい。フィールド半径も大きくなる分、自然観察の楽しみも広がっていく。もちろんオートキャンプにもＭＴＢはよく似合うし、オフロードや山中の自然の中を気軽に走り回ってＭＴＢ本来の機能をフル活用して楽しむこともできる。乗り手の感性と遊び心次第でさまざまな使い方、楽しみ方があるのだ。

●ロードレーサーで軽快に走ろう

風を切って爽快に気分よくカッ飛ばすサイクリングがしたいならロードレーサーである。ＭＴＢに比べタイヤの太さは半分以下で、フレームもパーツも必要最小限の機能に絞った軽量設計。ライディングポジションも前傾になり安定度は劣るが、その分重量も路面抵抗も小さく人間のエネルギーを最大限推進力に変換でき軽快に走れる。

初心者がいきなりロードレーサーに乗るのは勇気がいるが、乗れるようになるのに時間はかからない。週末に１時間だけでも乗っていれば数回でぎこちなさも取れ、それなりに様になってくる。ウォーキングやジョギングよりも足腰など体各部への負担も小さく、エアロビクス効果も非常に高い。シェイプアップを目指すにもちょうどよく、スタイルのカッコよさを求めるならこのロードレーサーがいいだろう。

１時間以上の時間が取れればいつでも楽しむことができるサイクリング。自分で自分のサイクリングを創造し、限られた時間の中でめいっぱいアウトドアを楽しもう。

Practice

「下り」を楽しむアウトドア

●効率よくアウトドアを楽しむ

ＭＴＢやカヌー、あるいは山歩きやＸＣスキーなどは、スタート地点までのアクセスの時間と体力が結構必要となるものである。

多忙なサラリーマンが苦労して工面した時間を最大限有効活用するには、アクセス時間の短縮と体力の温存がポイントとなる。アウトドアのおいしいところだけを凝縮して存分に楽しむ術を考えたい。

実際、主に「下り」を楽しむＭＴＢやカヌーなどはスタート地点に着くまで、またはゴール後に車を停めてある場所に戻るまでが大変めんどうなのである。

同じ自転車でもロードレーサーなら周回路をプランニングすればいいが、

山道のシングルトラック（人間一人分の幅のハイキング道をMTBを操作しながら進む）や林道ツーリングが本来の楽しみ方であるMTBは、周回路だとかなり無駄が多く発生してしまう。カヌーも湖などをゆったり散策する場合はいいが、川下りの場合はスタート地点に戻るのは大変だ。

山歩きは登りを楽しむのも本来の目

的の一つであるが、限られた時間と体力で頂上を目指し、できれば登りとは別のルートで下山したいのならば、より頂上に近いところまで文明の利器を利用し、下山した後も文明の利器で車まで戻って来ることができれば効率的である。

ＸＣスキーや山スキーだって同じところを往復するより、違うルートを使う方が楽しいに決まっている。そのためには車が2台以上あった方が自由度があっていい。友人家族や仲間を誘って車2台以上でフィールドへ出かければ効率よく楽しむことができる。

アウトドアスポーツは登りが大変。

次に具体的な車の使い方、楽しみ方を紹介していこう。

●車が2台以上ある場合――1

少なくとも1台は人数分のＭＴＢやカヌー、必要最小限の荷物を車内か、またはルーフに乗せることができることが前提となる。

①まずは全員でゴール地点に行き、そこに輸送能力の低い方の車をデポしておく。近くに食堂や喫茶店などゴールした後に仲間がしばらく待つことのできる施設があれば、その付近にデポしておいた方がよい。

②①以外の車にアウトドアギアとツアーに必要な荷物を積め込み、全員が乗車する。

③峠や林道の最奥部、川の上流などのスタート地点に移動し、そこに車を駐車してツアーを開始する。

ゴール地点に到着したら、各車のドライバー以外は食堂などで待ち、ドライバーはデポした車でスタート地点に戻って車を回収し、皆が待つゴール地点に戻る。

車が2台以上あると効率よく時間が使える。

もし、2台以上の車がそれぞれ、全員分のアウトドアギアと人間すべてを乗せるキャパがあれば、ゴール後全員でスタート地点に戻れば待っている必要はない。

●車が2台以上ある場合——②

①メンバーをAとBの2つのグループに分け、A、Bグループのそれぞれが

待ち合わせ時間も決めておく。

スタートもしくはゴール地点に向かう。つまりAグループのスタート地点はBグループのゴール地点、Bグループのスタート地点はAグループのゴール地点となる。

②途中の待ち合わせ場所を決め、そこでお互いの車のキーを交換する。

③A、B両チームがゴールしたら、どちらかのチームが車でもう一方のチームのゴール地点に向かうか、前もって最終的な待ち合わせ場所を決めておき、合流する。

この方法は山歩きやMTB、XCスキーに最も有効だが、カヌーには使えないので要注意。

●車が1台の場合——①

車が1台しかない場合もあきらめてはいけない。ちょっと手間はかかるが、アウトドアを効率的に楽しむには、多少の苦労はいとわずに、積極的にいろいろトライしよう。

例えば一般の交通機関を活用する方法がある。ゴール地点からスタート地点へ移動するためのバスやタクシーのサービスの有無、バスの時間などを調べておく。特にアウトドアフィールドではこれらのサービスが少ないことが多いので、バスならバスの時間に合わせて行動を開始する。

①まずはメンバー全員でスタート地点に行く。そこでドライバー以外の全員とツアーに必要な荷物、アウトドアギアを降ろす。

②ドライバーはあらかじめ確認したバスや、呼び寄せたタクシーの時間に間に合うようゴール地点に行き、そこに車を駐車する。

③バスやタクシーで皆が待つスタート地点に戻り、ツアーを開始する。この場合、スタート地点に車を置き、ゴール後に一般の交通機関を使って車を取りに行く方法もあるが、前者の方がゴール時間に制約がないため、万が一ツ

アー途中にトラブルなどが発生しても時間的に余裕を持って楽しめる。

　この方法ではゴール地点からスタート地点への移動にはヒッチハイクも有効だ。ヒッチハイクに抵抗のある人も多いが、地方には親切な人が多く、大概の場合、快く乗せてくれる車がつかまるものである。

●車が1台の場合——②

　ほかにも家族や仲間たちが全員で同じ行動をしない場合、ツアーに参加しないメンバーに頼んでスタート地点で降ろしてもらい、ゴール地点に迎えに来てもらうという虫のいい方法もある。

　ツアーをしないほかのメンバーにはゆっくり温泉に入るとか、観光やほかのアウトドアを楽しむなどして時間をつぶしてもらい、ツアーのゴール地点で回収に協力してくれることが前提となる。

　宿泊する予定であれば、始めからゴール地点の近くに宿やキャンプ場所を設定しておけば、スタート地点まで運んでもらうだけですみ、いちいち迎えに来てもらう手間が省ける。ゴール時間も比較的自由となり、ツアー自体の時間的な拘束が緩やかとなって自由度が増し、好きなように存分に楽しむことができるのである。

Theory

綿密な計画でたっぷりアウトドア

お父さん無理しないで
ここで朝食を取るとスケジュールが
オートキャンプ
はじめてのアウトドア

●無理な予定を組んではいないか

アウトドアに慣れていないと、いろんなことを盛り込んで、無理な予定を組んでしまうことがある。

そのような予定でいざ出かけてみると、事は予定通りに進まないことが多い。メニューを消化するために時間に追われて十分に楽しめないばかりか、あげくの果てに帰りは大渋滞にはまって、ようやく自宅に帰りついてみるともう深夜。ヘトヘトな状態で後片付けをして短い睡眠の後、翌朝には6時起床で出勤……。なんてことになりかねない。これではただ疲れるだけの休日になってしまう。

●スケジュールに余裕を持たせる

限られた休日の時間を使って十分にアウトドアで楽しむには、欲張りすぎてはダメなのだ！ アウトドアではさまざまな予定外のことが起こるものであると認識しておこう。例えば家族や仲間が何らかの理由で遅れたり、渋滞が予想以上にひどかったり、子供がぐずったり体調を壊したり、車のトラブルがあったり、奥様とささいなことでけんかをしたり……などである。トラブルが起きても柔軟に対応できるよう、余裕をもったスケジュールを組むことが肝要なのだ。

何事もなければ、その分時間をかけてアウトドアをゆったりと楽しめばいい。そうすればこそ自然の中でささやかな安らぎを感じ、自然に癒されることができるのである。それがアウトドアを満喫するコツなのである。

●綿密に計画を立てる

綿密に計画を立てるというのは、ぎちぎちの予定を組むことではなく、不測の事態が発生しても余裕を持って対処でき、目的のアウトドアはしっかり楽しめるように万全を図ったプランニングを行うことである。

日々、仕事や家庭の雑務に追い回され、時間と戦いながら過ごす多忙な生活なのである。せめてアウトドアぐらいゆっくりと楽しめるように上手にプランニングしたい。

■湖畔でデイキャンプ

時間	予定	備考
8:00	自宅出発、フィールドを近場に設定しているので、ゆっくりめでもOK	途中で軽く朝食を取る（車内でとる場合もあり）
9:30	フィールドに到着	
9:30～10:00	サイト設営	
10:00～11:30	湖畔散策、浜辺遊び	フィッシングなどでも構わない
11:30～12:30	バーベキュー準備	お酒を飲みながら楽しく
12:30～13:30	昼食	たっぷり時間をかけて食べる
13:30～15:00	ボーっとする、またはカヌーに乗る	早めに切り上げて温泉に行くこともあり
15:00～15:30	撤収作業	
15:30	フィールドを出発	帰路が込みだす前に出発
17:30	自宅着	

■1泊2日キャンプ

1日目

時間	予定	備考
6:00	自宅出発 渋滞回避で早めに出発	車内で朝食を取る(時間短縮のため車内で取る方がよい)
9:30	フィールドに到着	
9:30〜10:30	サイト設営	早めによい場所を確保
10:30〜11:30	周辺散策、子供と遊ぶ	または食料買い出し
11:30〜12:00	昼食準備	昼食はあまり手をかけない
12:00〜12:30	昼食	
12:30〜17:00	ボーっとする、またはMTBツアー	何をしてもよし、アウトドアのコアタイム
17:00〜18:30	夕食準備	メインディナーのクッキングを楽しむ
18:30〜19:30	夕食	キャンプのメインイベント
19:30〜20:00	後片付け、たき火準備	皆で手分けして行う
20:00〜22:00	たき火を囲んでお酒を楽しむ	子供がいる場合は天体観測等
22:00	就寝	

2日目

時間	予定	備考
6:00	起床 散歩や周辺散策	早朝の自然はすがすがしい
6:30〜7:30	朝食準備 朝食	洋食か和食か
7:30〜8:00	後片付け シュラフ干し	
8:00〜12:00	ボーっとする、またはハイキング	自然の中で安らぎ、癒されよう
12:30〜13:00	撤収	
13:00	出発	昼食は帰路で取る
13:00〜15:00	フィールドを出発、途中、渋滞状況を確認しながら時間に応じ、温泉/観光/オフロードツーリングなどを楽しむ	渋滞状況次第では直帰
17:30	自宅着	

■MTB／カヌーツアー／山歩き／XCスキー等

時間	予定	備考
6:00	自宅出発 仲間との待ち合わせ、渋滞回避で早めに出発	車内で朝食を取る。離れた場所の仲間とはフィールド近くで合流
8:30	フィールド（ツアーのゴール地点）に到着	車を1台デポし、スタート地点へはほかの車で移動
9:30	フィールド（ツアーのスタート地点）に到着	
10:00〜16:30	MTB／カヌーツアー／山歩き／XCスキー 時間をかけてたっぷり楽しむ	コースタイムは十分余裕を持って
16:30〜17:30	ゴール後デポした車で、ツアーのスタート地点に戻る	スタート地点に駐車した車を回収
17:30	フィールドを出発	
18:30〜19:00	温泉（帰路の途中）	ゆっくり疲れを癒す
19:00〜20:00	夕食 しっかり食べて帰路への英気を養う	渋滞状況を確認しながら出発時間調整
20:00	出発	渋滞解消直後に通過
22:00	自宅着	

時間の使い方次第でたっぷりアウトドアが楽しめる。

込む時期を避けて時間の有効活用

●「時期外し」が有効な手段

１９９０年代はかつてないほどの一大キャンプブームであった。人気のキャンプ場は過密状態。朝のトイレや洗い場には長い行列ができ、隣のテントの張り綱はこちらの張り綱と交差してタープの下にペグが打ち込まれている。高速道は大渋滞、朝に自宅を出て夜キャンプ場につき、翌日は渋滞を避けて朝一番で帰路につくといった笑い話のような話がたくさんあった。

21世紀に入っていまだそんな時代の再来には至っていないが、大なり小なり似たような混雑は発生している。特に夏休みの週末やお盆の時期、ＧＷなどは、今でも同様の状態である。

ならば、時期を外せばいいではないか。単純な発想ではあるが、それができない、またはそうはいかないという人が多いため、この「時期外し」は有効なのである。

●どの時期をねらうか

例えば秋。夏休みが過ぎるとアウトドアフィールドの混雑は急速に解消される。人々も少ない静かな夜がたっぷりある。この環境が心なごむたき火を

秋のアウトドアは落ち着いた大人の雰囲気。

楽しむのにちょうどいいのだ。夏は夜でもたき火は暑いかもしれないが、秋になれば裸火の暖かさに心地よさを感じるだろう。昼間は昼間で、夏には感じることのない陽光の温もりについウトウトしてしまう。

　子供が学校に行っているのなら、夏休みや春休み前の終業式の日に出発するのも一手である。親は朝から出発準備をして、子供が帰宅したらすぐに出発である。休みの初日は渋滞も激しくどこに行くにも込むが、終業式の日の午後はたいした渋滞もなく、フィールドの混雑も少ないのだ。

　GWを過ぎて夏休みまでの間も混雑は比較的少ない。1年で一番日の長い季節であり、アウトドアを楽しむには適している。

　ねらい目は入梅後。梅雨の季節は人々はアウトドアを避けがちである。しかし梅雨の最中であっても、地域によっては雨の降らない日の方が多いということもある。たとえ降雨が記録されようとも、アウトドア活動の時間帯に降らねばいいのだ。

　小生は晴れ男で、梅雨の時期でもアウトドアで小生の周りだけは雨が降らない自信がある。自信をもって楽しめば雨は降らないのだ！

　仮にアウトドアフィールドで長雨に遭ってしまっても、楽しめることはいろいろある。温泉巡りもそうだし、雨の中の自然観察だって晴れの日とは違った発見がある。

●天気予報が雨でもあきらめない

　週間天気予報で週末が雨の予報であってもあきらめない。土曜日の夕方から月曜日にかけて、どこかのタイミングに回復の予報があれば、フィールドで雨に遭わない可能性が高くなる。人々が外出をあきらめたらフィールドの混雑は解消されるのであり、不確実性の高い天気が好転すればラッキーである。安易にあきらめないことがよい結果につながる。

　時間をしっかりと確保しておいて、天気情報を頻繁に自分で分析しながらフィールドにのぞめば、混雑のない、ストレスフリーで存分に楽しめるアウトドアが待っているものだ。

込まない秘密の隠れ家を探せ

●込まない場所を探す

混雑を避ける次なる手は「場所選び」である。要は込まない場所を探せばいいのだが、これは一朝一夕には見つけられるものではない。アウトドアのベテランやショップの人、インターネットなどから情報を入手するのが手っ取り早い。しかし、その場所をあなたが気に入るか、またはあなたのニーズに合うかどうかは別問題である。

夏のスキー場は穴場スポット。

キャンプ場は、本や雑誌などであまり紹介されていないところがねらい目である。できるだけ数がたくさんのっているガイドブックを探し、その中からデータ量が少なくて、名前と場所しか分からないようなキャンプ場を探し出そう。

営業時期も夏休み期間だけとか、夏の間だけのところが穴場だ。公営の小さなキャンプ場であることが多いが、後は役場のホームページや電話で詳細情報を入手する。ちょっと不便な場所である場合が多いが、環境はよいことが多いし、混雑はほとんどないはずだ。いろんな人から情報をかき集め、自分の足で気に入った込まないキャンプ場を見つけたときの喜びは大きい。

●自分たちだけの隠れ家を探す

更に自分たちだけの秘密の隠れ家を探してみよう。小生はデイキャンプやキャンプ、カヌーやMTBなどを楽しむ秘密の隠れ家をいくつか持っている。どうやって見つけたかというと、

自分だけの秘密の場所でアウトドアを存分に楽しむ。

もちろん情報もかき集めたが、地図をくまなく見て、ここは隠れ家になるかもしれないと思う候補地を探すのである。

行き止まりになっている林道のわき道や、車の通りそうもない道の傍ら、林道の最終地点などがねらい目である。そんな候補地を地図で見つけたら、とにかく行ってみることだ。湖畔のちょっとした浜のような、とても素敵な場所が見つかるかもしれない。

●隠れ家は大事に

隠れ家を見つけたら大事にしよう。ちなみに小生がかつてこよなく愛した隠れ家は、日光の中善寺湖畔にある阿世潟という浜の近くにあったが、90年代のキャンプブームで多くの人が入り込んで自然を荒らし始めたので、立ち入り禁止になってしまった。

また、時期を外せば人気のフィールドも穴場となる。冬場はにぎわうスキー場も夏場は空いていてハイキングやMTB、グラススキーやハンググライダーなどさまざまなアウトドアが楽しめる所があちこちにある。隠れ家とはいえなくとも快適な自分たちのアウトドアフィールドとして活用しやすい。

込む時間や場所を避けるにはそれなりの工夫と苦労が必要だが、せっかく仕事やスケジュールをやりくりして確保した時間である。アウトドア本来の楽しみを満喫しようではないか！

あとがき

アウトドアの扉を開きましょう

この本を手にしているあなたは、少なくともアウトドアに興味を持っている人だろう。家族でアウトドアを楽しみたいという人もいれば、楽しみたいという気持ちはあっても踏ん切りがつかないという人もいるかもしれない。しかし既にあなたは現時点でファミリーアウトドアの扉に手をかけているのである。

古来より自然はあらゆる生命を、何よりあなたを育んできた。家族とともに自然を愛して、自然と対峙すれば、きっと安らぎを与えてくれる。自然は会社と違い、あなたを裏切ることはない。アウトドアを通じて自然と遊び、世界を広げ家族とともに楽しい人生を送っていただきたい。

まず、あなたの中でアウトドアの優先度を高めよう。仕事や家庭の忙しさにひるまないでほしい。まずは扉を開かなければ何も始まらないのである。優先度を高めて時間を確保し、フィールドへ飛び出しさえすれば後は何とかなるものだ。慣れてくるにつれて時間の有効活用の仕方、家族と一緒に最大限楽しむ方法、仲間を見つける方法など、どんどんノウハウが身に付いてくる。業務中でも空き時間を上手に使ってアウトドアを楽しめるようになるだろう。

ただ、安易な気持ちでアウトドアに出かけてほしくはない。自然を理解し、しっかりと対峙しなければ、思わぬトラブルにつながることがあるからだ。自然に対する理解が不足していたために発生する事故が後を絶たないのは、アウトドアマンとして残念な限りである。最低限の基本的なルールをしっかり理解したうえでアウトドアを楽しんでほしい。

アウトドアを生涯の趣味として、更には生きがいとして、自然を愛し、楽しみ、そして癒される。そんな家族が増えていくことを願いたい。

2004年4月吉日

瀬戸圭祐

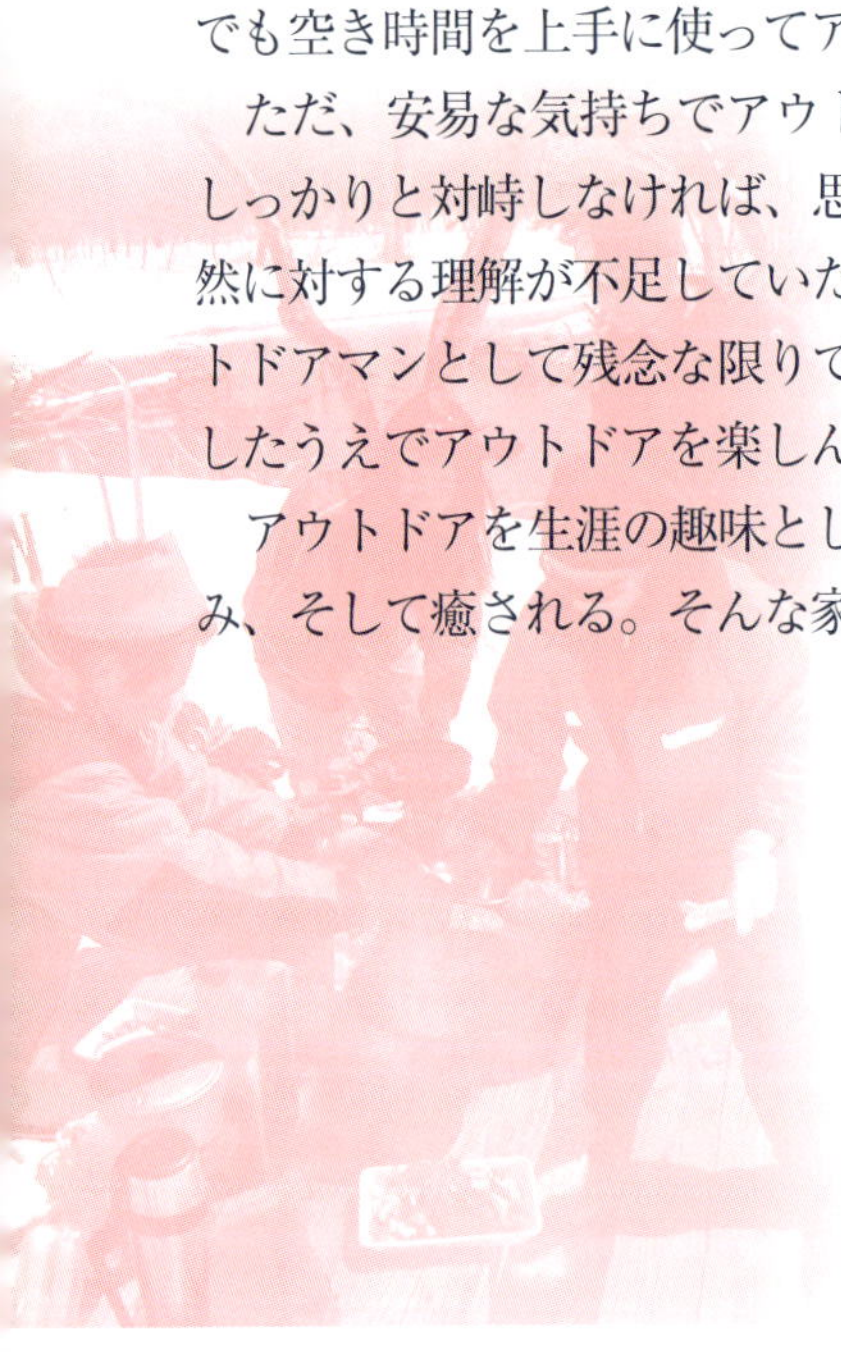

瀬戸　圭祐（せと・けいすけ）

1960年生まれ、大阪府出身。
JACC（日本アドベンチャーサイクリストクラブ）副代表。中学・高校時代に林道、山岳サイクリングを中心に日本一周。同志社大学時代にロッキー山脈、アルプス山脈、カラコルム山脈、ヒマラヤ・ヒンズークシュ山脈、北極圏などを自転車にて単独で縦断走破。月刊誌『CYCLE SPORTS』（八重洲出版）にて旅行記等を3年半連載。1989年12月に厳冬期ヒマラヤ、エベレスト中腹にて挙式。1983年よりトヨタ自動車株式会社勤務、英国駐在他、海外営業を担当。著書に冒険サイクリングの体験談『青春を賭けるって気分イイゼ』（冬樹社）、オートキャンプをベースにした幅広いアウトドアの楽しみのノウハウ書『オートキャンプを2倍楽しむ』（山と渓谷社）等がある。

制作――――――――株式会社青丹社
デザイン・レイアウト――西口雄太郎、鈴木宣尚
イラスト――――――髙橋雅彦

家族で楽しむ！ アウトドア大研究

発行日　2004年4月26日　初版第一刷

著　者　瀬戸圭祐
発行人　仙道弘生
発行所　株式会社 水曜社
〒160-0022　東京都新宿区新宿1-14-12
TEL03-3351-8768　FAX03-5362-7279
URL www.bookdom.net/suiyosha/
印　刷　亜細亜印刷株式会社

ISBN4-88065-118-4 C2075

定価はカバーに表示してあります。
乱丁・落丁本はお取り替えいたします。